衰而不败

在变老的路上，变得更好

[日] 畑村洋太郎 著
吕晔 张茹 译

机械工业出版社
CHINA MACHINE PRESS

这本书深入探讨了"衰老"与"失败"之间的共通之处，旨在帮助读者，尤其是即将或已经步入老年的读者，理解并应对老年生活中的挑战。作者基于自身长期的"失败学"研究，结合对老年人现实生活的观察，提出变老并不总会让人在人生的道路上落后，就如同失败在某些方面可以引导人们走向正确的方向，并提出了一种积极面对衰老的生活方式。针对产生的各种生活和与人相处的问题，本书介绍了一系列实用的应对技巧。通过阅读这本书，读者可以了解衰老与失败之间的相似之处，学会如何应对"不良衰老"，提高沟通能力，从而更好地应对老年生活。

本书适合对年龄、衰老以及失败等话题感兴趣的读者。

Original Japanese title: OI NO SHIPPAIGAKU
Copyright © 2024 Yotaro Hatamura
Original Japanese edition published by Asahi Shimbun Publications Inc.
Simplified Chinese translation rights arranged with Asahi Shimbun Publications Inc. through The English Agency (Japan) Ltd. and CA-LINK International LLC

此版本仅限在中国大陆地区（不包括香港、澳门特别行政区及台湾地区）销售。
未经出版者书面许可，不得以任何方式抄袭、复制或节录本书中的任何部分。
北京市版权局著作权合同登记　图字：01-2024-3843号。

图书在版编目（CIP）数据

衰而不败：在变老的路上，变得更好 /（日）畑村洋太郎著；吕晔，张茹译. -- 北京：机械工业出版社，2025.4. -- ISBN 978-7-111-77786-1

Ⅰ.C913.6-49

中国国家版本馆CIP数据核字第2025VA5918号

机械工业出版社（北京市百万庄大街22号　邮政编码100037）
策划编辑：兰　梅　　　　责任编辑：兰　梅
责任校对：梁　园　张昕妍　责任印制：常天培
北京铭成印刷有限公司印刷
2025年5月第1版第1次印刷
145mm×210mm・6.125印张・87千字
标准书号：ISBN 978-7-111-77786-1
定价：49.80元

电话服务　　　　　　　　网络服务
客服电话：010-88361066　机 工 官 网：www.cmpbook.com
　　　　　010-88379833　机 工 官 博：weibo.com/cmp1952
　　　　　010-68326294　金 书 网：www.golden-book.com
封底无防伪标均为盗版　　机工教育服务网：www.cmpedu.com

前言 PREFACE

我担任大学教师多年，从事机械工程专业，但对"失败"这个话题抱有浓厚的兴趣，因而系统地从各种角度总结了"失败学"，并致力于广泛传播这些内容，因此大家都认为我是研究失败的专家。

然而，当年过七旬后，我开始越来越有了衰老的感觉。走路速度变慢、健忘严重、因听力渐渐下降而听不清周围的声音等，这些从未经历过的问题一个接一个地出现在我身上时，我从未感到愉悦，而是对自己未来会变成什么样子感到深深地不安。

与此同时，面对衰老这一未知领域，我感到非常好奇。我从小就有对存疑的事情追根究底的性格，所以从某个时候起，我开始自然地观察自己的衰老状况和变化。通过持续的观察，我获得了许多启示，其中最重要的，是我在长年研究"失败"和"衰老"之间发现了许多相似之处。

遇到未知问题时，人们容易失败；即使是经历过的事情，稍不留心也会失败。特别是在面对未知问题时，要避免失败是非常困难的。当面对未知的问题时，无论是谁，都很有可能会失败。

衰老也是如此。对于每个人来说，变老都是头一遭，起初我们不知道如何应对，会非常困惑，那种手忙脚乱的状态和失败时的情景非常相似。当我思考这些问题时，我产生了一个想法：或许可以将我从失败研究中获得的失败学知识运用于应对衰老的问题上。

当我重新回顾时，我发现自己在经历和观察衰老的过程中已经不自觉地运用了失败学的思想。继续阅读，你会发现本书将证明这一观点。

我在日常生活中尝试了很多应对办法。有些调整是为了防止因为健忘而导致的混乱，有些是为了防止身体的进一步退化。重要的是，这些方法并不复杂，而是我们每天都可以实践的，简单易行。了解并使用这些方法，可以更好地应对衰老过程中出现的问题，并提高我们的生活质量。

衰老和失败一样，常被人们所厌恶。然而，毕竟任何人都无法避免衰老，与其逃避，不如选择与之和睦相处，这才是应对衰老更好的办法。我的想法更加积极，就像失败能让人成长一样，衰老也会因为处理方法的不同，而使人朝着更好的方向发展。例如，经历多了，一个人对事物的看法和思考方式也会变得丰富。

我们如果认为即便衰老，一个人仍能不断地学习成长，那这无疑是有些理想化了。在现实生活中，伴随衰老而失去的事物会显得格外突出，因此，我们说即使"还可以拥有新收获"，也可能会被认为是老年人不服输的倔强。

故而，基于我的实际经验，我的看法是相信自己还能不断学习成长并与自己的衰老和睦相处，这是最好的方式。至少，这样生活，人生会更加快乐和充实。

畑村洋太郎
2023 年 12 月

目录 CONTENTS

前言

第 1 章　衰老和失败

衰老与失败相似　　　　　　　　　　002
从失败学的角度看衰老问题　　　　　　004
主客观视角相结合　　　　　　　　　　007
对无法理解的事物感到恐惧　　　　　　010
从实际经验中认识衰老问题　　　　　　013

第 2 章　警惕不良衰老

衰老的失和得　　　　　　　　　　　　020
有失有得的世界　　　　　　　　　　　025

老后意识到传达的困难	027
不良衰老——老年问题多样性	031
注意与周围人的相处之道	033
为避免致命失败所做的决定	036
难以自控的状态	040
巧妙应对压力	043
利用外部辅助应对失去的身体机能	048

第3章　沟通能力是关键

从自动翻译机学到的事物	054
沟通能力下降带来的问题	056
为什么沟通中会有传达不到位的情况	059
传达清楚必须这样做	065
沟通中的偷懒现象：年龄增长与理解成本的较量	068
记不住不感兴趣的内容	071
只想讲自己事情的老人	072
被称作"女人之敌"	075

当"嗯……"成为口头禅	079
累到头脑无法思考时	081
降低敏感度	083
我想这样老去	084
导师的"烟花"	088

第 4 章　衰老方式因人而异

衰老给每个人带来的问题都不一样	094
衰老在我身上的体现	096
尝试用机器来弥补身体功能的衰退	100
为了对抗肌肉力量的下降	104
因三次跌倒而想到的事	106
我身上发生的各种记忆问题	111
遗忘的坏处与好处	114
为了活跃大脑，我至今仍在这样做	118
无法回忆时的对策	122
突然想起 60 年前的事	126
发生在我身上的思维问题	130

无法同时处理多个事项	131
遗忘事物和做事不专心的行为逻辑	134
新手的失败和老手的失败	137
遗忘问题的处理方法	140

第 5 章　从结尾开始思考

预先思考遇到困难时的应对方法	144
顺向推理与逆向推理	147
最小努力的原则	150
由幼儿园儿童被遗忘在车内的事故谈起	153
熟人的家人麻烦邻居的故事	160
处理意外的默认知识	162
重要的是犯错后如何行动	165
未雨绸缪的两个作用	168
注销驾照与其他解决办法	171
创造适合自己的舒适状态	173

结语　《格尔尼卡》和任性脑　　175

第 1 章
衰老和失败

衰老与失败相似

在讨论衰老和失败的共性之前,我先简单谈谈关于失败的话题。在失败学中,失败被认为是人在追求某件事时,未能实现最初设定的目标。人虽然抱着某种目的行动,但由于某些原因和理由,最终没能实现当初期待的目的,这就是失败。

好不容易做出了努力,却没有得到期待的结果,这可不是什么好的状态。人有时还会受到巨大的打击并承受实际的伤害,心情会非常糟糕。就像"以失败为动力""以失败为食粮"这种正能量的话一样,有的人会以失败为契机,说一句"无所谓",然后振作起来。但是,在受到打击的时候,想保持积极可并不容易。实际上,很多人被"做了无用功""损失惨重""太不甘心了""太不开心了""要是让别人知道可太丢人了"等负面情绪所折磨，然后失去动力，不再尝试新挑战。

失败伴随着如此巨大的痛苦。所以很多人会抱着"不想拥有这种令人讨厌的回忆""想过没有失败的人生"等想法，选择尽量没有挑战、失败少的保险的路。但是，失败无处不在，一个人即使认为自己走的是安全的路，也无法避免失败。只要人活着并行动，就会有失败的可能性，几乎不可能完全远离它。

因此，"无法避免"这一点是衰老和失败的相似之处。衰老是活得久的证明，本身是件值得高兴的事情，但也不完全是好事。一个人也会因为生病或者随着年龄的增长，身体机能产生衰退，进而引发各种各样的问题，以前能做到的事情，现在却做不到，这样的事情经常发生，所以我也认为衰老不是什么好事。这些变化原本也不是人们所希望的，与失败非常相似。

像这样，无法避免地发生本不希望发生的事情，这正是失败和衰老的共同点。两者相似的地方越多，我们从研究失败中学到的道理，或许就越能帮我们对付衰老。当我带着这种想法审视自己的生活时，我意识到自己不知不觉地会将失败学的思维模式应用于应对衰老的问题上。所以，请将本书视为记录这些想法的工具。

从失败学的角度看衰老问题

　　失败学非常重视失败当事人的视角。分析失败的原因时，我们关注的是当事人当时所处的环境、心理状态、健康状况，以及他们正在关注什么、思考什么，还有他们的具体行动。这时当然要注意询问失败当事人的方式方法。根据重大事件的调查案例，我们发现，当事人的回答对他们是否会面临被追究责任的风险有重要影响。为了避免被误导，这种时候，我会事先告诉对方责任归属问题，然后再进行沟通。

　　要想知道失败的原因，最重要的是让失败当事人坦诚地说出来。因此，我一直强调"查明原因和追究责任应该分开"。为了避免在其他情况下发生同样的失败，把从失败中吸取的教训公之于众才是上策。但是日本的法律无法做到，法律会不断追究责任，所以失败当事人必然不敢轻易开口，这也是现实。

　　先不说这个，要弄清楚失败的原因，当事人的视角是非常重要的。这样才能迅速把握当时当地的情况和行为原因。同样的道理也适用于衰老问题。人老了，会产生各种各样的问题，最清楚当下状况的莫过于衰老者本人。我们在思考衰老问题及其应对方法时，听取他们的声音是必不可少的。

实际上，当事人的意见往往没有得到足够的重视。在商业活动中，尤其是在涉及老龄问题的商业服务中，为了满足消费者的需求，当事人的视角似乎还挺受关注的。但在处理行政、医疗、护理等更紧急的社会问题时，衰老当事人的看法就显得不那么重要了。

为了便于理解，这里将当事人的视角称为"主观视角"，观察方的视角称为"客观视角"。当我们谈论衰老的问题时，比起主观视角，社会普遍更重视客观视角。

从某种意义上来说，这很正常。社会的运作方式等大部分的事情，人们都将之命名为"某某学"。这是站在第三者的立场上俯视全局的视角，也就是"客观视角"，我很重视"客观视角"。失败学也是如此，通过客观视角，我才第一次有了系统的总结。

但是，若因此就以为一切问题就此解决，那就太傲慢了。虽然所谓"某某学"大多源自客观视角的归纳，但其本质上是众多主观视角的积累所成，它的内涵是吸收许多的主观视角来充实的。

当我解释这种主观视角的重要性时，我经常用查尔斯·达尔文的进化论（达尔文主义）作为参考。这个理论原本是关于生物进化的研究，但经常被套用在各种各样的社会现象和概念上，毁誉参半。

我的观点可能和一般人的观点有所不同，但从观察方法和态度来看，我强烈认为这个理论有值得学习的地方。很多人关心的是客观视角的发展趋势和规律，但这些都是通过对众多主观视角的个别案例仔细观察而得出的。假设新发现了一个例外，我们就必须重新审视既有的方向和规律，有时甚至必须大幅调整以往客观视角的看法。达尔文主义告诉我们，主观视角有时会对支配整体的客观视角造成相当大的冲击。

以此为前提，无论是研究学问还是在社会生存，我认为只有巧妙地融合主观视角，才能取得发展。但是，主观视角存在处理起来比较麻烦的问题。还有很多人认为"只有客观视角是正确的，是值得信赖的"，所以社会上对主观视角的处理普遍是消极的。

主客观视角相结合

像我这样的老年人常见的疾病之一是"认知症"。由于某些原因,原本功能正常的大脑发生记忆和判断障碍,导致日常生活受到影响。这种病症是由"阿尔茨海默病"和"脑血管障碍"等引起的,与单纯的健忘不同,这是一种很明显的脑部疾病。

已故的长谷川和夫先生是著名的认知症研究专家。作为精神科医生,他是认知症界的传奇人物。认知症曾经被称为"痴呆症",长谷川先生也曾尽力改变这个称呼。

到了晚年,长谷川先生自己也患上了认知症。他在88岁那年,也就是去世前4年,这个消息被公布了出来,对社会造成了不小的震动。大多数人的反应是:"认知症的权威也会得认知症吗?"

我对此也很惊讶,但更感兴趣的是长谷川先生当时的感想。

长谷川先生在与许多认知症患者接触的过程中，获得了关于这种病症的知识，确立了有效的治疗方法。但是，当自己真的患上了认知症之后，他说出了"我能切身体会那些有认知症的人是如何做错事情的"这样一番话。我知道这件事的时候，虽然觉得有些夸张，但这是我第一次意识到，有些事情只有当事人才能理解，外人终究难以感同身受。

在调查事故的过程中，我倾听了许多经历失败的当事人的故事，所以能清楚理解这种感受。为了能让大众更容易接受并广泛传播这些故事，我需要从一个旁观者的角度进行客观分析，并认真整理所了解的内容。尽管我也尝试融入当事人的观点，但这些观点并不能完全被采纳。毕竟，我本来就不是失败当事人，而是站在旁观者的角度去理解的，因此有些地方我可能无法完全掌握或理解，这也是理所当然的。

但是，如果我和失败当事人有过同样的经历，应该就更能理解他们了吧？这样，我也能更准确地判断出他们基于主观视角的发言中，哪些是重要的，哪些与问题的核心相关。我想长谷川先生的感觉应该就是这样。实际上,我们很难做到这一点。打个比方,生活在现实世界的我们,要准确理解死后的世界是很困难的,如果想要真正地理解,最好的方法就是去询问实际去过"彼岸"的人。

你可能会觉得我的话有些奇怪。但是,死亡之后的世界暂且不论,对于失败和衰老,要理解当事人的主观视角其实并不难。世界上有相关经验的人比比皆是,只要有心,就能了解到这些看法。然而却很少有人这样做,主要是因为主观视角的价值没有得到足够的认可。

因此,在这一背景下,准确向他人传达自己想传达的内容,或者准确地理解对方想说的内容,是很困难的。表达者可能无法有效地传达有价值的信息,而聆听者可能无法得到值得倾听的内容,我认为这是沟通能力的问题。这种情况在任何领域都会发生,在有关衰老的问题上,这种情况尤其严重。关于这一点,我会在第3章结合自己的亲身体验详细介绍。

不管怎样,仅以客观视角为基础来研究或制定某个问题的对策是不够恰当的。虽然吸收许多人的主观视角可能既麻烦又辛苦,但只要循序渐进,对策就能更加有效。尽管现在的社会遵循着"必须客观"的价值观，而实际上，除了客观的东西，还需要主观的东西。单独依赖任何一方都是不够的，重要的是要同时兼顾两个方面。

在失败学中，我一直积极并认真地吸收主观视角，并见证其成果。对于衰老问题的研究和对策，如果能更多地采用兼收并蓄的做法，就更好了。这样才能让事物变得更加充实完整，不采取这种做法实在是太可惜了。

对无法理解的事物感到恐惧

对于无法理解的事物，我们往往会有回避、畏惧的倾向。大流感刚开始流行的时候，由于对未知病毒的恐惧，整个社会都陷入了恐慌状态。

那个时候，人们的恐惧以各种各样的形式表现了出来。如果有没戴口罩的人出现，周围的人都会用鄙夷的眼光注视他，这都算是很普通的了，有的会直接出言警告，有的甚至还会破口大骂。这就是对无法理解的事物产生的恐惧。

衰老的问题应该更为严峻。我身上的衰老问题不仅没有得到改善，反而逐年加深。

只要能活得久，每个人都必定会直面衰老，这是无法避免的。即便如此，如果对衰老有了一定程度的理解，并准备好了应对可能出现的问题时的策略，心情应该会变得稍微轻松一些。在理解的基础上做好相应的准备，是内心获得安宁的重要途径。这一点与应对失败或灾害的策略相同。

这样想来，现在研究衰老问题的"老年学"，并不能完全消除人们的不安。也许其实没有"老年学"这个词，我在这里使用它只是为了简化说明，将关于衰老的研究统称为"老年学"。老年学最大的问题是没有一个整体视角。这里所说的整体视角，是要统筹考虑支配衰老现象的各种规律，以及这些规律是如何在不同方面影响全局的。这可能有点难懂，但你可以把它看作是关于衰老知识的系统总结。

各个领域的专家都在努力研究应对因衰老而产生的各种问题的方法，也已取得了相当大的进步。得益于这些研究，我们克服了许多与衰老有关的各种各样的问题。

但是，这些研究在老年学整体中处于怎样的位置，以及对其他方面产生了怎样的影响，都没有明确体现。这是非常遗憾的。

有了整体视角，我们就能立体地看待事物，思考事物与事物的关联性，同时可以产生更好的观点和解决方法。例如，药物的服用伴随着副作用，所以医生在推荐给患者用药的时候，会边考虑药物对身体其他部位的影响，边选择更好的对症药物。据我所知，尽管医疗领域可能也没有一个确定的整体视角，但它在一定程度上还是会考虑局部与其他部分的关联性。因此，医疗专家会在各自领域内整理问题点，进行分析判断，并做出最佳选择。

实际上，有了整体视角，人们就能更顺利地处理问题。相反，如果没有整体视角，自以为好的选择可能会招致最坏的结果。失败学中有"局部最优、整体最坏"的思考方式，这正是这个问题的本质。简单来说，这种状态就是人在某个环节认为最合适的事情，从整体来看却是最糟糕的选择。我在调查大型事故时发现，很多事故都是由这些原因造成的，所以我致力于广泛传播这一重要观点。

现在的老年学没有形成整体视角,所以会有各处出现"局部最优、整体最坏"的风险。实际上,可能已经发生了很多这样的事情了。从我自身的经验来看,很多人认为实现"局部最优"会妨碍人们过上富裕舒适的生活。

通过各个领域的人们的努力,关于老年学"局部"的研究有了很大的进展。如果不把它们更有效地运用于老年学的整体研究中的话,实在是太可惜了。因此,我认为首先需要确立整体视角。我希望社会能认可它的价值,一点点地推进下去。

从实际经验中认识衰老问题

关于本书的创作经过及目的,我想再重新谈一谈。

这几年,人们的生活方式发生了极大的改变。由于无法面对面地进行许多事情,我也取消了很多既定工作。当时我投入最多精力的是面向企业培训的"畑村私塾"项目,它涵盖了从无到有的灵感孵化及项目策划立项,还有后续执行落地的整体的方法论，因此这个工作对培训环境有一定的需求，是需要进行面对面的指导的，然而当时我非常困扰。

我那时想的是，要积极地面对变化，好不容易有了时间，要尝试有意义地度过。然后，我想到了如何从当事人的视角，而不是从外部的视角来观察随着年龄增长而发生的变化，然后再进行记述。我带着写一本书的坚定信念，认真地收集数据，经过一年多的努力，完成了大约130张A4纸的内容。本书的内容就是以此为基础的。

当时，我尝试的是通过主观视角来记录自己的衰老过程。我一边关注大脑的活动，一边进行自我观察。我的专业是机械工程，在脑科学方面是门外汉。但是，在担任东京大学教授时，我教过一个学生，他在我的建议下，在就读工学科的同时与医学部的学生共同进行了许多研究，合作者不乏精通脑科学的学生，我从他们那里得到了很多建议，并尝试着将这些建议付诸实践。这个学生就是现在在东京大学研究生学院担任信息理工系研究科智能机械信息学教授的高桥宏知先生。

顺便说一下，高桥先生和医学部能够共同进行研究，就是在我的推荐下得以实现的。我当时强烈建议大家进行脑科学的研究，因为我认为无论是工学还是其他领域，研究大脑的功能对将来的所有事情都有帮助。但是，当时我自己的退休年龄已经迫近，还有很多其他要做的事情，所以我要是带头进行的话确实有些勉强。于是我就问周围有没有人来做这方面的研究，当时响应我的提议并报名的就是高桥先生。

在此之前，工学科和医学科的师生之间也进行过共同的研究。其契机是我的研究伙伴——医学院的加我君孝先生曾一针见血地对我说："我觉得在工学科依旧好奇心旺盛，能做这种事的老师只有畑村先生您了。"那是在20世纪90年代初，我与专攻耳鼻喉科学的加我先生一起，进行了脑研究的多点记录表面电极的开发研究等。

就这样，我从那时起对当时还是未知领域的大脑产生了浓厚的兴趣，自那以后，我顺理成章地在脑科学领域继续进行合作研究。对了，我刚认识加我先生的时候，他曾给我看过在东大医学科资料室里保管着的夏目漱石的大脑。我们共同研究的课题变成了对脑的研究，我总觉得有某种因缘存在。

故事说得差不多了，言归正传。在高桥先生的建议下，我开始进行关于衰老的观察，最初的目的是促进脑科学的发展。同时，朝日新闻出版社邀请我以我擅长的领域"失败"和"衰老"为主题写一本书，我觉得很有意思，就答应了。这一章的开头我说过，衰老的状态和失败非常相似，但如果从这个角度重新观察自己的衰老，就会发现失败学的各种观点或许可以在帮助我处理因衰老而产生的问题上发挥作用。

同时，我仍旧希望自己对衰老的观察有助于社会的发展。刚才说过，现在的老年学缺乏一个整体视角，为了建立这个概念，在客观视角的基础上我们还需要添加主观视角。客观视角是指收集准确、正确的事物，以此作为基础可以增加概念可信度。然而，在构建整体视角时，要素之间的关系非常复杂，存在许多错综复杂的未知机制，因此，仅靠学科构建时惯用的方法是行不通的。这些未知机制只能从具体的例子来发现，所以我们要将当事人的视角作为探索未知机制的重要线索来推进研究。

当然，并不是所有的主观视角都是有用的，其中也有一些内容反而会引起混乱。主观视角难以处理，这也是人们倾向于避免利用它的原因之一。但是，如果想要发掘新知识，就要利用这座宝山。特别是在老年学领域，我认为通过关注主观视角的方法，研究至今被忽视的当事人视角，将会发现许多未知的知识。我将我的主观视角视为挖掘这些未知知识的一种重要工具，并在本书中予以展示。

对自我衰老的观察，是制定适合每个人的对策中不可缺少的一部分。每个人的衰老方式都不一样，不能用一个模板来概括所有人。别人的方法可以作为参考，但自己采用的时候需要进行调整。在这种情况下，观察并正确把握自己的状态是必不可少的，所以我提出的应对衰老的方法，即使不能成为范本，也可以为大家提供一个参考。

像体力和记忆力的下降等衰老带来的问题，即使人们努力思考对策，能做的也有限。在观察自己衰老的状态时，由于必须认真面对自己身上出现的问题，人们往往会想要逃避。这方面的处理也可以参考失败学的思考方式，比如通过研究失败所得出的"面对痛苦的诀窍"等，应该会给我们很大的帮助。

似乎很多人认为，上了年纪之后，发生在自己身上的都是坏事。但是，我认为并非如此。随着年龄的增长，我们可以获得更多的东西，比如获得新的见解和思考方式等，这都让我们的人生更加丰富多彩。这一点和面对失败时的态度非常相似，所以我自己从失败的处理方法中汲取知识，并用心且积极地接受一切。

无论怎样挣扎，衰老是人类不可避免的。我们在其过程中很容易只关注失去的东西，但其实我们也有新的收获。如果对这些新收获抱有期待，我们与衰老的相处会更愉快。至少，我们要相信这一点，积极地与自己的衰老相处，这对心理健康来说是非常有利的。

第 2 章
警惕不良衰老

衰老的失和得

失败分为"好的失败"和"不好的失败"。同时,失败学认为,对于好的失败,不应一味厌恶,而要与之好好相处;而对于不好的失败,则要尽量避免其再发生。

同样,衰老也有"良性衰老"和"不良衰老"之分。或许用"好的衰老方式"和"不好的衰老方式"来形容会比较容易理解。好与不好都可以参考失败学的观点。

在失败学中,"好的失败"是人在成长过程中不可避免且必要的失败。这类失败虽然有价值,但并不常发生。世间很多的失败,都是没有必要经历的"不好的失败"。最典型的例子就是因偷懒、欺骗、不用心、误判等造成的失败。除此之外,还有一些失败可能对个人有积极意义,但会给周围的人带来很大的负面影响,让人身心受到很大的伤害。这样对自己造成致命伤害的失败,是不必要经历且应当避免的"不好的失败"。

按照这个观点,"好的衰老方式"和"不好的衰老方式"的内涵大概就勾勒出来了。上了年纪之后,比起人的成长,拥有丰富的人生和充实的每一天更重要。所以说,"好的衰老"是与之紧密相连的。这和面对失败的情况不同,比起行为和行动,心态和思考方式对于衰老来说更重要。

另一方面,"不好的衰老",尤其是那些不能丰富人生和充实日常的心态和思考方式,则与这些并不相关联。另外,即使是对自己有意义的事物,如果它们给周围人带来了极大的负面影响,或导致与他人的关系恶化,最终对自己产生不利影响,这样的衰老也是我们应该避免的。

我觉得这可能有点抽象,很难理解,所以下面介绍几个最近自己觉得良好衰老的例子。

首先,我想说明一下我现在的身体状况,因为上了年纪,我走路的速度变得很慢。以前我走得非常快,走在路上经常会超过别人,但最近反而总是被别人超越。就在我如此强烈地感受到身体在衰弱的时候,在每天早晨的例行散步时,我偶然追上了一个挂着拐杖缓慢行走的男人。因为很久没有这样的经历，我感到很高兴，但我也在担心下次是否还能有这样的机会。

同样，随着年龄的增长，我经常深切地感受到肉体的衰弱。然而，我发现自己对事物的看法和视角也发生了很大的变化，这是我感觉自己正在良好衰老的地方。以早上散步为例，以前我只是一边思考一边埋头走路，现在则是一边慢慢地走，一边仔细观察周围的情况。多亏于此，我开始有意识地关注生活中的小细节，也获得了各种各样的发现。

在散步时仔细观察周围的情况，也是出于实际需要。因为走久了会很累，我就会一边撑着腰休息，一边寻找可以依靠的东西。因此，我会在无意识中寻找这样的地方，也会留意周围的环境。

我本来就喜欢观察事物，所以就像这样仔细观察周围一样，我会注意到很多事物，然后开始思考。我发现自己更能感受到季节的变化了。我居住在市中心的住宅区，那里也有很多自然风光。比如树木的变化和花朵的兴衰等，这些景色让我有了更多感受四季变换的机会。

最近我深感兴趣的是，从一大早就观察鸟儿们的活动。最早开始活跃的是小鸟,而鸽子和乌鸦等大鸟则在之后慢慢地活跃起来。我不太了解鸟的种类,但我认为在清晨活动的小鸟叫声有一定的规律,它们可能在觅食和传递防御危险的信号。在聆听鸟儿叫声的过程中,我感觉它们也有语言,可以进行沟通。

你可能会觉得我说的话是空洞之词,因为人类以外的动物在生存的过程中,交流也是很重要的。我以前就曾想过,它们可能会通过某种方法来传达自己的想法。以前在每天忙于工作的时候,我并没有深入研究过这个问题,但现在早上悠闲散步并仔细观察周围环境的时候,我回想起曾经的那些疑问,不禁开始思考起来。

顺便说一下,我在最近读的一本册子里,了解到有人怀着同样的疑问,从十多年前就开始研究鸟的语言。他就是东京大学尖端科学技术研究中心的铃木俊贵先生,主要从事以远东山雀为主的鸟类语言研究。据铃木先生描述,鸟类除了根据不同情况使用不同的叫声,它们的语法能力也非常出色,甚至能在一定程度上理解其他种类鸟的叫声。当听到表示危险的叫声时,它们同样会采取躲避的行为。但是,并不是所有的鸟都是这样的,例如麻雀中有能理解语言并做出反应的"知识麻雀",也有不理解语言的"普通麻雀"。这件事好像已经通过实验证实了。除此之外,铃木先生还在那本册子里描述了很多有趣的事情。

我没有对此进行深入研究,但我一直很重视对感兴趣的事物进行深入研究的态度。最近我注意到,随着年龄的增长,尽管身体逐渐衰退,但我感兴趣的事物却在不断增多,有时我甚至会觉得自己的洞察力也在不断加深。可能是因为在与以往不同的境遇中,我有了更多发现新事物的机会。当坦然地对此感到喜悦,并享受研究衰老的过程时,我就会发现上了年纪后发生的并不全是坏事,也有一些意想不到的积极变化。

人活得久,意味着会经历更多的事情。如果将这些经历与思考的深度和广度相结合,我们就能从不同的角度看待周围发生的事情,从而拥有更加丰富的见解。这对自己来说是一件轻松的事情,而且,如果能够将可能有用的见解分享给他人,并帮助他们,那也是一种很好的事情。我认为,要能够做到这一点的话,正是所谓的"良性衰老"。

有失有得的世界

自从开始悠闲地散步之后，我能发现的事物也随之变多。就比如，我注意到附近电线杆底部的沥青形状是扭曲的。

不知道从什么时候开始，我散步的时候会沿着路边走。一方面是怕妨碍到别人，另一方面是为了防止发生意外，如果有电线杆或围墙等可以马上用手扶着的东西，我就会很有安全感。电线杆底部扭曲的沥青，也正是在我改变了原来走路的习惯之后才注意到的。

刚开始看到这些的时候，我还不了解它扭曲的原因。但是，看到每个电线杆上都有很多同样的扭曲，我想应该是地震造成的，这大概是2011年东日本大地震的产物㊀。

在那场地震中，不仅是日本东北地区，东京也有很强的震感。地震持续摇晃了相当长的一段时间，电线杆会同时来回摇晃，路面的沥青都扭曲了。电线杆摇晃的方向各不相同，扭曲的方向和大小也因地而异。我推测，

㊀ 2011年3月11日14时46分21秒，在日本东北部太平洋海域发生9.0级强烈地震。——编者注

安置电线杆时，可能在地下埋设了支撑板之类的东西，而这些东西的不同方向导致了不同的扭曲形状。我把这件事向懂行的问了一下，得到的答复是"确实如此"。

东日本大地震后，为了调查受灾情况，我曾多次前往东北地区，一边触摸着那些巨大的受灾痕迹，一边思考，并提出了各种各样的建议。然而，我却几乎没有仔细观察过自己居住的城市的受灾状况，所以对这些十多年后仍留有痕迹的东西感到惊讶。可能是因为我没有受到多大的损失，所以才没有关注太多的关系吧，同时我也再次意识到自己视野的狭窄。

在东日本大地震中，地震引发的海啸造成了巨大的损失。很多人认为，海啸的规模超出了防灾计划的预期，所以造成了巨大的损失。防灾计划是以过去的灾害为参考而预设的。也许有人会认为，过去没有发生过如此大的海啸，因此这样的损失是不可避免的。但实际上，这些信息只是在人们的记忆中消失了，869年的贞观地震就曾发生过同样规模的海啸[一]。

[一] 869年7月13日在日本本州岛三陆冲（青森县、岩手县、宫城县以东海域）发生了一次特大地震，现代研究认为这次大地震震级应在8.3级至8.7级之间。——编者注

根据历史调查，此次地震之前就被指出会造成海啸，但并没有提前进行防灾计划。贞观地震发生于869年，尽管当时留下了一些记录，但这些信息几乎已经完全从社会和人们的记忆中消失了。那些从事贞观地震研究的人们，一边寻找至今仍然存在的地震和海啸的痕迹，一边探讨其潜在的危险性。我觉得这真的很了不起。

不同的观点不仅能丰富个人的想法，也能为社会提供很重要的贡献。我刚刚提到的小发现虽无法和他们的研究价值相比，但如果这些细微的发现能够成为未来丰富思考的灵感，那岂不是很有趣？

老后意识到传达的困难

当步伐变慢后，我开始更多地关注人的动作，而不仅仅观察物体了。我的办公室位于东京的商务区，我在附近散步时发现，自从这里对送货卡车的停车规定变得更加严格后，我经常能看到使用手推车的快递员。在送货上门的工作中，能够一次性搬运很多货物的卡车很受欢迎，但在人员集中的办公区，就没有必要把过多货物一次性搬到很远的地方。因此出现了一种新的应对方式，就是大家又用回了从前被视为珍宝的手推车，这真是一个有趣的变化。

这么说起来，以前使用Uber Eats[○]软件的时候，配送员使用的是自行车。在办公室的时候，研究会的朋友会劝我最好亲自体验一下流行的东西。我注意到，在这个为了追求更大产能而推行机械化的社会，一部分企业——包括刚才提到的快递公司在内，却开始重用人力，这是非常有趣的变化趋势。

改变视角所带来的发现，并不都是像刚才提到的那样令人愉悦。前几天我和研究会的朋友们一起去旅行的时候，就发现了一些有点怪的事情。

当时因为时间充裕，我在游览景点的间隙，参观了一家企业的展示作品。对方很有礼貌地接待了我们，并有向导一一解说展示作品。但展示作品数量太多，短时间内很难全部看完，而且我走路很慢，根本无法跟上大家的步伐。于是我决定借轮椅来参观，回想起来，这正

○ Uber Eats是优步（Uber）推出的在线外卖平台。——编者注

是我失败的原因。

　　这是我第一次体验坐轮椅。因为我的体型比较大，我直接的感受就是"憋屈"。虽然移动很轻松，但被同行的人帮忙推着，我总觉得有些不好意思。更让我在意的是展品的位置，它们在我看来非常不协调，让我怎么都无法忍受。

　　我猜展品的位置可能是为了方便站立的人观赏而设置的。然而，坐在轮椅上的我，视线远远偏离了这一点。因此，我感到不太好看，且很累。由于这种不适感，展品的内容和解说根本没有进入我的脑海，这非常遗憾。

　　虽然感受不太好，但这是一个新的发现。提供轮椅本来是企业方的善意，在这一点上我非常感谢。但是，我认为这是一种基于刻板印象的考虑，并没有真正反映实际使用者的感受。这样的做法可能会让人误以为在对社会的宣传中，做到这种程度就可以了，所以我认为还是有必要进行改进。

　　在思考这些问题的过程中，我回想到了以前出版《看、懂、表达》（讲谈社）这本书时候的经历了。这本书讲述了我长期以来对事物观察、理解以及如何表达的兴趣。如果只是讲述理解的方法，那只写"看"和"懂"两方面就足够了，但在此基础上，我特意增加了"表达"这一主题。因为我意识到，社会上发生的很多纷争、事故、失败等，都是由所谓的"传达中断"引起的。

许多问题都是因为信息、知识、情感等传达不顺畅，甚至中断造成的。很多情况下，这种不顺或中断都是在当事人没有想到的情况下发生的。传达的一方和接收的一方都认为"我已经传达了""对方应该理解了"。但实际上，由于传达不到位或理解不透彻，这些偏离的部分就会引发各种各样的问题。

"看""懂""表达"适用于社会上经常发生的争执、事故和失败。但是，最近我开始认为这句话也适用于衰老的问题。老人不仅可能存在"看"和"懂"不顺利，"表达"也可能遇到障碍，这样的例子越来越多。我之所以有这种强烈的感觉，是因为身边也频繁地发生这样的问题。

坐着轮椅看展览时感受到的不适感就是刚刚提到的问题吗？倒也没有那么夸张，或许只是当场从轮椅上下来，站起来看看就能马上解决的小问题。只是视线不同就会有那么大的不协调感，这是非常重要的发现。这也是广义上的表达困难，我觉得很重要，所以在下一章会详细介绍。

不良衰老——老年问题多样性

我也要谈谈"不良衰老"。我曾经提到，这是一种与度过丰富的人生或充实的每一天无关的心态和思维方式。另外，参考失败学中对不良失败的定义，如果这种方式即使对自己有意义，但给周围人带来的负面影响很大，或者导致与周围人的关系恶化，最终对自己不利，这也是应该避免的"不良衰老"。

作为不良衰老方式的一个典型例子，我马上想到了"老年顽固派"这个词。一般情况下，它是用来揶揄组织的核心人物随着年龄的增长或大权旁落，用自我为中心的行动给周围人带来麻烦的老人。这个词虽然常用于描述老年人，但实际上它也可以用来形容年轻人对年长者的讽刺。从字面上来看，这很明显包含了"对周围有害的老人""由老人引起的实际危害"等强烈的意味。

"老年顽固派"这个词的历史出乎意料地悠久,据说在20世纪80年代就已经存在了,从90年代开始被广泛使用,这跟互联网的普及有关系。在匿名的网络世界里,人们把那些总是把自己的意见强加给下属,或是不停地讲述自己过去英勇事迹的上司的不满情绪释放出来,这个词就此被广泛传播。

以下简单总结了社会上所说的老年顽固派的特征。虽然原本的定义很模糊,但请诸位以此作为其人物画像的依据。

- 坚信自己的想法和观点才是正确的,认为别人的意见都是错误的。
- 自尊心强、自负、神经脆弱、易怒。
- 想把自己的价值观强加给周围的人。
- 不听别人的陈述,只重复说自己的观点,而且话又长又啰唆。
- 平时表现得很自大,只有遇到困难的时候才装出软弱的老年人的样子。

坦率地讲，这种行为不仅限于老年人，在其他年龄层也很常见。遇到只会给周围添麻烦的人，当事人会想揶揄地说出"老年顽固派"这个词，是完全可以理解的。在周围人看来，这本身就是一种灾难，可以说这就是不良衰老的典型。

注意与周围人的相处之道

幸运的是，我似乎没有那么明显地出现上述倾向。我很想说"完全没有"，但我真的不太清楚周围的人是如何评价我的，所以稍微顾虑了一下，决定说"没有那么明显"。

工作上的朋友们告诉我，我还没有出现类似"老年顽固派"征兆的问题，倒是因为没有这种征兆，很多人都说我"容易相处"。但是，反而是与我关系更亲密的事务所的工作人员，以及对我直言不讳的家人们，对我的抱怨变得越来越多。因此，我现在不得不小心防范这种"老年顽固派"特点的出现，这一点是不会改变的。

话说回来，即使是这些人的抱怨，也几乎没有前面提到的情形出现。这一点我很放心，但另一方面，我也经常被指出其他形式的问题，因此不能断言"完全没有"，这一点让我很痛苦。所以我不得不多注意。

最近经常被指出的问题是，我没有把其他人的话放在心上。这不只是说老人，谁都会遇到这样的问题，我以前也遇到过。但是上了年纪之后，周围的人都认为这是衰老的原因，说实话，这让我很困扰。

比如早上，家人会告诉我他们当天的安排。我虽然当时听清楚了，但是却没有过脑，或者说没有记住。所以傍晚再次见面时，当我再问"今天在哪里做了什么"，经常会被说"早上明明已经告诉你了"。因为我总是记不住，所以当我回答"是吗"时，家人就会过度担心，认为我可能是耳朵不好，听不清了。总之，就是怪衰老。

后来，我进行了听力检查，发现听力虽然随年龄增长有所下降，但这并不属于极端衰退的现象。这种时候，我就会莫名其妙地觉得"原来如此，又增加了新的耳聋患者"，进而把自己归属为耳聋患者。这是我拼命思考为什么我不记得家人早上说的话的结果，所以我不认为家人的看法有什么奇怪的。不足的是，这里缺乏作为当事人的我的视角,如果没有这个视角,周围人的判断可能会造成越来越多的老年的"病人",我想这就是典型的例子。

当然,出现这种情况的根本原因在于我对家人的行为漠不关心。道理虽然我都懂,但如果是关系亲密的家人,我就会忍不住任性。明明对方在拼命地表达,但我对于不感兴趣的事情,却完全记不住,很快就会感到疲惫困倦。然后我会说也许是年龄的关系,用这句话来掩饰,再适当地配合当时的情景,事情就过去了。之后,我就会被抱怨"上次明明说过了""你完全不记得了"。

说真心话,我认为要让人听进去你的话,关键在于要用能引起对方兴趣的方式去表达。实际上,失败学的核心理念也基于这一点。我在大学教机械工程学的时候,经常看到这样的情景:每当我教学生成功案例时,总有几个学生一脸倦意或不感兴趣地听着。但是当我开始讲失败案例的时候,学生们的反应突然变了,甚至连打瞌睡的人也会聚精会神地听我讲课。于是,我开始仔细观察那些发人深省的失败案例,并将其系统地总结出来,这就是失败学。

基于这些观察，我进一步完善了这个概念，提出了进行实践的必要条件，并解决了能记住却无法实际应用的抽象问题的方法。在这种情况下，我认为使用能让对方感兴趣的表达方式，营造出能让对方主动接受的氛围是关键，所以在向周围人分享的同时，我自己也会多加注意。

但是，如果不是工作情景，而是在日常的私人生活中，要求家人这样做确实很难。要想避免麻烦，唯一的办法是改变自己的行为和态度。但是突然改变多年习惯的事物是很难的，我在内心深处甚至可能感受不到改变的紧迫性，这让我感到非常困扰。我原本就认为，在与家人的关系中，我的适度的任性是可以被接受的，毕竟，作为最亲近的人，每个人最需要的就是关心和爱护。正因为有这样的想法，我感到这个问题特别棘手。

为避免致命失败所做的决定

聊到老年顽固派的话题，我想顺便说一下我注销驾照的事情。

我做出这个决定,是为了避免自己成为那种典型的固执老人,不想让以自我为中心的行为给周围的人带来麻烦。实话说,一开始我非常抵触注销驾照,但后来我认为这是避免严重失败的关键,于是做出了这个决定。

话虽如此,这并不是我自己的想法,而是听从了家人的建议。契机是 2019 年 4 月 19 日,东京池袋发生了一起车祸,一名 87 岁的男性驾驶汽车,将正在骑自行车通过人行横道的母女撞倒致死。那天晚上,我被家人说服了。他们的劝解说辞非常出色,我不得不服从。

其实在那之前,我从来没想过要注销驾照。因为长年开车,我对自己的驾驶技术还是很有自信的。实际上,我当时持有的是五年无事故无违章的金色驾照。然而,我也知道世界上有许多老年人引发交通事故导致他人死亡的案例,我担心自己也可能成为那样的肇事者。因此,尽管我曾经驾驶着与池袋事故中那位男性相同的车型,我还是觉得这对我来说不够安全,于是换了一辆安全功能更全面的车。

因为这样的原因,一开始我对家人的劝说很不情愿,但渐渐地,他们的观点逐渐打动了我。"对手"确实了得，每一句话都很有说服力。尤其他们出色地运用了失败学的知识，逻辑严密地提出论点，我也不得不举白旗投降了。

"失败学最重要的是对现状的认识。"

"基于对现状的准确认识，防患于未然才是失败学的根本。"

"日本航空123号航班事故和福岛第一核电站事故都有机会预防，但都被错过了。"

"如果出了事故，报纸上的标题就会是'失败学专家因车祸惨败'。这样一来，你在失败学上取得的所有成就都将化为乌有。"

上了年纪之后，我对于瞬间的判断力和动作都变迟钝了，驾驶技术确实会逐渐下降。然而，汽车的安全功能在不断完善，也在一定程度上可以弥补身体的衰退。

但是，不管准备得多么周密，失败还是会发生。这通常是因为有"考虑不周"的地方。而且，这种原因导致的失败，往往会以无法预料的形式发生，所以越是没有准备，损失就越大。这是失败学的一个重点。即使我对失败有再多的研究，也无法逃脱出这套理论。

在驾驶技术下降的情况下，事故一旦发生，不仅会影响到自己、对方及其家人，甚至是自己的家人也可能被卷入不幸的连锁反应中。如果用自己在社会上广为传播的失败学的思考方式重新认识现状的话，我实在是无法反驳的。最后考虑到这是个好机会，我才决定把驾照注销。那是我78岁时发生的事。

在那之前我可以自己开车去任何地方，所以自从没有了驾照，我感到"不方便"的事情就增多了。因为实际驾驶的机会减少了，"想做就能做"和"想做却做不到"之间就有了很大的差距。无论什么事情，当意识到以前能够做到的事情现在无法完成时，一个人都会感到失落，这就是为什么我会觉得"变得不方便了"。

不过，人很快就会适应新的环境，虽然会感到不便，但我现在对于汽车和驾驶完全不关心了。最近，我开始思考这是不是一个问题。因为对于不关心的事情，那些概念性的知识会从记忆中消失。

我自己开车的时候，即使车型不同，也能在一定程度上掌握操作方法。但是，这种技能现在变得相当不熟练了。特别是对于完全不认识的车型，我发现自己居然无法从内侧打开车门。这是个非常重要的问题，我将在第5章详细讨论。

难以自控的状态

从注销驾照这件事上，我感受到了正确评估自身状态的困难。考虑到当时的情形，我觉得家人有些过于担心了，但另一方面，我觉得我的看法也太天真了。"暂时还没问题"并非无端的自信，而是基于一定的经验。但是，这些经验终究都是过去式，因此，在不断变化的情况下，它们不应该将其作为衡量未来的标准。

话虽如此，道理都懂但做不到，这正是人的本性。这种情况常用的解决方法是冷静思考或置身事外观察。但是，人只有在没有利害关系的情况下才能做到。对于与自己相关的事，人们往往容易片面看待，因此我认为，要对接受他人的看法有开放的胸怀，并灵活运用，这也是一种应对策略。

再者，世界上的很多事情，并不是只从一个角度就能全面理解的。要准确把握一个对象，就需要了解整体情况，哪怕要把握大致的状况，也要全方位从不同的角度去观察。

在这种情况下，观察视角尤为重要。观察同样的事物，不同的人经常会看到不同的东西，因为个体存在对事物的看法差异。另外，人类具有看得到想看的东西和看不到不想看的东西的特性，所以过于拘泥于一个视角也是导致失败的原因。

我接触了很多失败的案例，所以知晓重大失败一定有预兆，也就是存在警示危险的迹象。然而，对于那些不愿看到或不想面对现实的人来说，他们就无法接收到这个信号。而且，他们无法意识到潜藏的风险，总有一天会掉入陷阱。这是常见的失败模式。

只从一个视角看问题的人更容易陷入这个陷阱。我之前正是这样，才不愿接受家人提出的注销驾照的建议。人只从某个视角看待事物，认为其对自己有利或心情愉快时，就绝对不会改变自己的看法，这就是人性。人们总会有一种错觉，以为自己在做很有道理的事情，但实际上却是在做危险至极的事情。

人们往往难以接受对自己不利的情况，所以不知不觉就会对自己抱有宽容的态度，这就是"老年顽固派"的思维。为了避免这一点，采纳别人的视角也算是有效的手段。但是，我们不能认为别人的视角总是正确的，所以不能无条件地全盘接受，而应该仔细思考后进行选择和取舍。社会上虽然普遍认为"客观视角"很好，但纵观所有的失败案例，选择违背自己利益的他人视角并不一定是正确的。

说得极端一点，只要不给别人带来大麻烦，我们可以把自己的利益作为判断的首要因素。我并不想十分肯定这种老年顽固派的行为，但在某些情况下，有这样的行为也未尝不可，周围的人也应该在某种程度上予以容忍。随着年龄增长，人的各种生理机能逐渐衰退，对压力的感知可能增加。在这种情况下，如果周围的人总是说"这个也不行""那个也不行"，人的压力就会越来越大。

确实，能够从自己无法做到的角度去理解"别人的视角"是非常宝贵的。为了防止发生致命的失败或给周围人带来严重的麻烦，我们应该更多地采纳这种客观视角。然而，再次审视这种思考方式，有时也不需要完全接纳客观视角，如果周围的人因此遭受的损失不大，而这又是自己确实不喜欢的事情，那么采取一种成熟而灵活的态度来妥善处理，这样不是很好吗？

我并没有刻意这样做，但有些能力强的人会利用老年人的智慧和策略，将那些通常会引起周围人抱怨的事情处理得让人感觉"既然是那个人说的，那也没办法"。具体问题具体分析，我们想要优先考虑大家的接受度时，可以运用这些技巧。

巧妙应对压力

自从我提出失败学以来，经常有各种各样的人来找我咨询关于失败的事情。虽然时间有限，我无法解决所有的问题，但面对对社会影响较大的或当事人遭受严重打击的失败，我会尽力去处理。在这样的过程中，我再次感受到"人是脆弱的"。

我想大家都有过这样的经历，明明自己遭遇了明显的失败，却无法马上承认这是失败。这正是人脆弱的一面。而且，不去面对现实，会导致在失败的基础上再次失败，这是最糟糕的情况，当人终于承认失败时，往往已经太晚，伤口越来越大，各方面受到的伤害也越来越大，这是常见的模式。

虽然也有从一开始就能爽快地承认失败的人，但人似乎很难马上采取正确的应对措施，这也是因为人的脆弱。失败带来的打击和伤害，会在心灵上打开一个洞，消耗人的能量。这种能量损失是相当严重的，导致人无法做出正确判断或采取行动，因此在失败后很难立即进行善后。

我觉得这种状态和面对衰老问题的时候有些相似。人活得久了都会经历衰老，即使有衰老的征兆，我们也不愿意承认自身的衰老。即使能够谦虚地承认，我们也很难拿出勇气去面对。衰老本来就是无法避免的。因为不管怎样，我们到最后都只能接受，所以比起接受失败，更难产生正面对抗的斗志。

即便如此，我觉得必要的时候还是挣扎一下比较好。我并不是否定衰老本身，而是针对抗衰老带来的问题。虽然抵抗现状可能会被认为是老年顽固派，但只要不给别人带来麻烦或实际伤害，自己也不会陷入致命的境地，那就大胆去做吧。因为这样对心理健康有好处。

　　我曾经在某本书中介绍过遭遇重大失败时的处理方法，包括"逃避""思考'这没办法'和'不是我的错'""品味美食""睡觉""跟别人发牢骚"，这些方法可能会让认真的人感到生气。其实这些都是权宜之计，如果不能恢复失去的能量，我们就无法从真正意义上解决问题，所以为了优先解决这个问题，我建议可以使用这些方法。这并不是随便说的，每一种方法的实际效果都得到了验证。

　　大多数人认为逃避是"胆小的表现"或"不体面的表现"。但是，在找不到合适的应对方法的情况下，坚持待在原地也不是办法，这时，抱着暂时避难的想法逃离现场也是可以的。逃避也许会受到周围人的批判，但总比执着努力却最终崩溃强。当然，我还要补充一点，逃避终究只是暂时的，与放弃责任完全不同。

　　思考"没办法""不是我的错"，其目的也是一样的。虽然把这种话说出来问题会变大，但如果只有在脑子里这么想的话，我们就不会被周围的人说三道四。失败之后，越是认真的人越容易自责，想一些负面的和不好的事情。在这种状态下，人将无法采取积极的行为，所以只要暂时让心灵避难，等待能量恢复就可以了。

为了给身心注入活力，"品味美食"和"睡觉"也很有效。这两种都能恢复精神，头脑也会变得清晰。人在情绪低落的时候，就会没有食欲，头脑中充满负面想法，无法正常睡眠。这时我觉得可以吃喜欢的东西，也可以借助药物（如安眠药）来睡个好觉。

最后的"跟别人发牢骚"，是一种借助他人的力量让自己变得有精神的方法。把郁闷不已的想法表达出来，人就会感到轻松。理想的情况是，听到牢骚的人虽然不会表现出特别的兴趣，但也不会表现出以施舍的态度去倾听，更不会否定对方的话，只是淡淡地听着。听到失败的故事时，我的态度就是如此。不反驳任何意见，即使对方说话内容自相矛盾也不加以反驳，更不指出对方说的话是对是错。

面对这些重大失败后的处理方式，在面对衰老问题时也同样适用。建议把它们作为应对衰老的头号敌人——"压力"——的应对对策。有压力时，人若是寻求发泄，可能会被周围人讨厌，给他人带来麻烦，容易做出被认为是老年顽固派的行为。虽然不必以完全消除压力为目标，但为了保持心理健康，拥有与压力良好相处的技巧很重要。

当然，除此之外还有很多与压力相处的更好的方法，如投身于兴趣爱好或喜欢的事情。很长时间以来，不管工作有多忙，作为兴趣，我都会参与每周一次的合唱。这种合唱已经成为我生活的一部分，我现在仍参与其中。

我开始参与合唱是在我即将退休的六十岁之前，倒不是因为我特别喜欢唱歌或者很擅长唱歌，仅仅是因为想做，就去尝试了。这虽然不是义务，但我还是坚持去练习，只是因为我想去就去了。

不可思议的是，每次我去练习合唱的晚上，都能睡得很香，第二天醒来也神清气爽的。究其原因，我觉得可能是合唱时我念着完全不懂的外语，拼命地想把乐谱上的音发出来，大脑因此感到疲劳，或是因为发声时使用了不习惯的喉咙肌肉而感到疲劳。但是最近，我开始认为，这是因为做了自己想做的事，才把压力释放了出来的关系。

让我有点困扰的是，在散步的过程中，只要脑海中浮现出旋律，我就忍不住哼唱起来。有时候声音可能比较大，妻子也说："邻居说，你丈夫边走边唱歌。"我自己倒没有注意到，所以以后必须多注意了。

利用外部辅助应对失去的身体机能

上了年纪之后，我熟睡的次数就变少了。偶尔也有能好好休息一下的日子，但大多数时候，我只能在练习合唱的日子或与研究会的朋友们一起喝酒的日子享受到熟睡，能熟睡的日子大多是自己觉得过得很开心的时候。

研究会一直在我的生活中占据着很大的比重。我组织过各种各样的研究会，我认为坚持很重要，所以几乎所有的事情我都能持续很长时间。参与研究会的成员在一定程度上已经固定，但期间也会有年轻人加入，他们的存在使得研究会成为我与不同世代交流的场合，这既有趣又刺激。如果可能的话，可以有意识地创造这样的场合，因为这也是一种应对压力的方法。

另外，晚上不能熟睡，和上厕所也有关系。实际上，我不确定是因为膀胱缩小了，还是因为自己总是活跃于各种活动，但这会引起严重的精神问题。专家告诉我，因为动作变慢，人不会等到极限才去厕所，所以大脑会提前发出指令，导致夜间更容易醒来。

以前，我曾把半夜起床上厕所的时间记下来。我确认过，通常大概过三到四个小时就会醒。和朋友一起喝酒等度过愉快时光的时候，我一般是五六个小时左右才会醒。由此可见，快乐的生活对缓解压力很有帮助。

我一直喜欢左思右想，一旦醒来，就会去想当时我关心的事情，大脑就会随之活跃起来。这种时候就更睡不着了，等回过神来已经是早上了。我本来就喜欢思考，所以虽然不会觉得痛苦，但不好好睡觉就无法消除身体的疲劳，这是我最大的烦恼。

实际上，在医生的建议下，我开始使用CPAP疗法（持续正压气道通气疗法），这显著改善了我的睡眠质量。用机器施加压力，从鼻子吸入空气，拓宽气道，防止睡眠中呼吸暂停，对于像我这样患有睡眠呼吸暂停综合征的人，这是标准的治疗方法。这个机器机身体积很小，长度只有20厘米左右，空气通过管子传送到口罩里，我只要把这个口罩戴在鼻子上睡觉就可以进行治疗了。

使用CPAP疗法后,能一觉睡到天亮的日子变多了。这个机器最初的目的是治疗睡眠呼吸暂停综合征,但熟睡能让身心恢复活力,对心理健康大有裨益。我感到惊讶的同时,也再次意识到,在面对衰老带来的问题时,使用便利的工具也是一种有效的手段。

仔细想想,我们理所当然地使用着很多工具。老花眼的人要戴老花镜,耳朵不好了要戴助听器,腿脚不好了要拄拐杖。等注意到的时候,为了应对年龄增长带来的衰老,我也开始使用各种各样的工具了。

我最擅长使用的是记事本。从很久以前开始,我就习惯用记事本记录日程安排、数据和想法,写日记等。因此,并不是最近我才开始擅长,而是原本的习惯在应对随着年龄增长而产生的忘事、记错等各种记忆问题时发挥了作用。

但是,最近我发现,这种很方便的记事本也存在着很大的问题,那就是使用记事本时必须做的"翻页"动作。可能是上了年纪,指尖的油脂流失的缘故,我经常会出现翻不动的情况。看来必须考虑应对新问题的对策了。

因为每个人都有自己的喜好，所以并不存在对所有人都很方便的工具。若强迫自己使用不合适的工具，不仅难以发挥其作用，有时甚至可能带来负面影响。虽然我一直在纸质记事本上手写文字，但不会因为电子记事本具有同样或更方便的功能，就把它替换成电子记事本。不管怎么说，最重要的是选择让自己用得舒心的工具，如果做了不习惯的事情，就无法保持心平气和的状态。即使被周围的人揶揄为"古代人"，我也觉得现在这样就很好。

应对随着年龄增长而产生的问题，除了使用方便的工具之外，还可以借助他人的力量。这种力量非常强大，如果有人帮助你补充自己原本没有的知识和力量，代替你完成因身体衰退而无法做到的事情，许多问题便可迎刃而解。

但是，与机器和工具不同，通常情况下，人类是不会按照他人的要求去行动的。如果有的话，应该是因为充满爱意的家人、恋人等亲密关系，或者是基于共同利益的给予与接受关系，又或者是相互扶持的密友关系。

当然,即使是这样的关系,如果不好好地沟通交流,人与人之间也无法维持长期良好的关系。刚刚也提到过,随着年龄的增长,人的沟通能力的下降会成为一个重要问题。下一章我将就此展开论述。

第 3 章
沟通能力是关键

从自动翻译机学到的事物

沟通能力的下降,是伴随衰老出现的众多变化中的关键问题。了解这种能力,对于探索解决方案至关重要。

沟通的基础是相互理解。人与人之间如果做不到这一点,就不能很好地沟通交流。作为研究活动的一环,我偶尔也会参与海外的企业考察活动。在这种情况下,通常会有擅长沟通的同事或熟悉当地情况的向导负责事先安排和翻译,这样我就能顺利地与对方进行沟通。

虽说如此,这种安排通常仅限于预先准备好的考察地点。一旦离开这些地点,沟通难题便显现出来。比如我在中国视察结束后去了一家餐厅,发现菜单完全看不懂,这给我带来非常大的困惑。尽管中日两国都属于汉字文化圈,但中国使用的许多文字与日本不同,即便是我认识的汉字,也不确定它们代表哪些菜品。我想问店员，但因为语言的差异几乎无法沟通，交流变得异常困难。

不能共同理解的困境就是这样。人与人之间即使想要交流，也找不到头绪，如果这样的状态持续下去，只会让不安和烦躁的感觉越来越强烈。我明明有话想说、有话想问，却不能很好地表达，这种状态是非常痛苦的。

顺便一提，当时店里有自动翻译机，所以没发生什么大事。我虽然只认得菜单上零星几个中文汉字，但通过查看日文翻译，很快就理解了内容，并知道它用了什么食材、什么方法来烹饪。这样，我就能在某种程度上通过自己有限的知识想象出菜肴的样子。像这样有基于共同理解的文化，交流成为可能，我就可以安心地在异国他乡的餐厅享受美食了。

中国在自动翻译技术方面投入了大量努力，我在视察的间隙去的博物馆也应用了这项技术。我在海外考察的时候，为了能够更深入地了解该国家的文化，一定会去博物馆和美术馆。但是大多数情况下，展品的说明都是用当地语言书写的，理解起来相当费力。即使是面向外国人而用英语书写的文字，如果不借助词典也很难正确理解其含义，在此之前我都懒得读。每当这种时候，我就会想"要是有日语写的说明内容就好了"，所以当我体验到自动翻译机将展览中所说明的内容从当地语言翻译成日语的时候，真的是愿望成真的感觉。

不仅专用机器上有自动翻译的功能，智能手机上也在使用。它的便利之处在于人可以轻松掌握状况。一个人如果不了解自己所处的状况，就无法考虑应该做什么，应该怎么做，以及如何表达。仅仅是把外语变成日语，我们就能在一定程度上理解所写的内容。这在沟通交流中是非常重要的。

沟通能力下降带来的问题

沟通不是一个人自己的问题，必然有沟通对象的存在。为了与对方和谐相处，沟通的前提在于双方能够基于共同理解来把握情况。如果没有这一点，双方就会产生分歧，加剧不安和焦虑。特别是对关系亲密的人，我们由于期待过高或依赖心理较强，当无法与之顺利沟通时，他们的不满和愤怒情绪可能会更强烈。

老年顽固派的表现之一，就是动不动就生气，这可能与他们无法有效沟通有关。因为他们自己的想法和想说的话未能准确传达给对方，或是无法理解对方的想法和表达，从而感到沮丧和焦虑。

不管是哪种情况，用愤怒来表达是没有意义的。虽然对方可能理解当下的情绪，但这并不能解决问题。要准确传达或接收信息，就必须努力好好沟通。但随着年龄的增长，一个人似乎连努力所需的精力都会减少，这确实令人困扰。

如果直接把焦虑的情绪发泄出来，就连亲密的家人关系也会变得很紧张，更不用说直接发泄给朋友和其他熟人了。如果是发泄给不认识的人，结果会如何，这是显而易见的。不管对方是谁，把自己的烦躁情绪发泄出来，都会成为大麻烦的根源。一般情况下，我们会尽量避免这种情况，但这时有些人往往会选择"不参与""不接触"等简单的解决方法，结果就会导致人际关系变得有限且狭窄。

实际上，就我身边的人而言，上了年纪之后人际关系变得狭窄的情况大有人在。我们最喜欢的交流对象是亲密的朋友或家人，因为无须多言，就能互相理解彼此的想法和思维。甚至在与老朋友和熟人交流时，我们对所思所言也会有所选择，因此，与陌生人开始新的交流往往是我们更不愿意面对的。

如果交流能够顺利进行，那当然最好，但这样一来，你就连正确表达、正确接受信息的机会都没有了，沟通能力也会随之下降。你和身边的人之间的沟通就会变得更加困难。如果把焦虑情绪发泄给重要的朋友和家人，只会让双方陷入不快的情绪中。无论如何都要避免陷入这种恶性循环。

要做到这一点，最好的方法就是正确地表达、正确地接受并保持良好的沟通能力。因年龄的增长导致的沟通能力下降是不可避免的，所以在这里我使用了"保持"这个词，根据人们不同的做法和用心程度，有的人也有可能会相应提高。人与人之间交流如果能使用像刚才提到的自动翻译机这样方便的工具，简单地实现相互间的共同理解，那就太轻松了。现实却没有那么美好，我们只能在和对方的交流中去寻求理解。

虽然这是一件很辛苦的事情，但我们应该相信，通过不懈努力，可以实现良性衰老。虽然我自己的经验可能并不完美，但我在自我反省的过程中，确实有了一些感悟。

为什么沟通中会有传达不到位的情况

上了年纪之后，我在日常交流中会出现一个问题，那就是"应该传达的东西没有传达出去"。例如，在第二章我分享经验时所说的，即使家人告知了当日的安排，如果我对那些事情不感兴趣，我要么充耳不闻，要么即使记住了也会马上忘记。

这种情况下，听的人大概会说"忘记也没什么问题"，但是，传达者会认为"正是因为有必要所以要传达出去""记得是理所当然的"，所以有时会因为这种分歧而引发纠纷。

为了避免这种日常传达失误，人们可以制定一些简单的应对策略，只要合理使用工具就能有效避免。公司等组织经常做的是，把当天的计划等传达事项记录下来，谁都可以随时查看。虽然最近大众越来越多地使用数码设备，但用传统的方法（比如白板等）把想传达给对方的内容写下来，这对我这样的"古代人"来说比较适合。

但是，这个应对策略也有陷阱。比如传达的一方忘写，或接收信息的一方忘记查看确认的话，还是会产生意见的分歧。为了避免产生争执，我们必须养成即时写和看的习惯。但有时候即使我们知道应该这样做，也可能做不到，这就会产生困扰。我平时经常使用记事本，所以已经养成了写和看的习惯。重要的事情和约定的事情都可以在记事本上确认，但有时候我会觉得不重要的事情就没有写下来，而且有时候我也会写错，所以这并不是完美的解决方案。

如果只是单纯的传达失误，经过一段时间后有可能变成笑谈，但在与他人的交流中，更容易出现严重的问题是我们难以传达自己真正想传达给对方的内容。很多人都说日本人不擅长将自己的想法直接表达出来，这是因为日本人不喜欢正面的语言碰撞，不直接用语言表达，而是通过默契来传达，这种文化已经根深蒂固了。

在频繁互动的密切关系中，言语即便不足以充分表达，也能传达出相应的信息。但在大多数情况下，双方如果不多加注意和努力，是很难有效传达信息的，这成为一个难以用常规方法解决的大问题。

面对这样的问题，我觉得也可以直接运用失败学的知识。因为关键信息的传递失败，往往会导致灾难性的后果，而失败学正是致力于研究"如何有效传达信息"的领域。

一个常见的情况是，信息的发出者"自认为已经传达"，而接收者"自认为已经理解"，实际上这两者之间往往存在差异。传达的一方可能觉得"自己已经表达得很清楚"，因此当问题出现时，会倾向将原因归咎于对方。然而，被传达的一方认为"我没有被告知过这些"，所以认为责任在传达的一方。这是人际关系出现裂痕时的典型模式之一，很多事故和失败都是由这种情况引起的。

因此，我深入思考了预防这类失败所需的措施。重点不是思考"如何传达"，而在于"如何让对方理解"。意思是说，不应该重视表达的手段和形式，而应该重视结果。很多人相信，只要选对了手段和形式，自己"就一定能很好地传达给对方"，但实际上并非如此。因为双方之间本来就存在很大的理解障碍，所以在一般情况下，无法正确地传达信息是情理之中的事。要打破这个壁垒，首先需要让彼此对同一事物的印象保持一致。这是本章所阐述的"共同理解"，更确切地说，我们需要追求更深入的理解。

用我自己的话来说，就是如果没有能让对方理解的模板（雏形），且这个模板必须和传达的人所持有的模板相同或非常相似，是无法顺利传达信息的。如果对方没有这个理解模板，就只能让对方重新构建。你可能会觉得我的话听起来有些晦涩难懂，甚至觉得这个过程烦琐，但这是克服双方理解障碍的关键所在。

图1展示了何为有效传达。图上的"要素"意思是你想传达信息的各个部分，而将这些部分组合在一起形成的类似故事的整体内容就是"结构"。传达者会使用各种不同的部分，按照自己的方式组装成一个故事来进行表达。当这些信息顺利地传达给对方时，对方的内心也会形成使用相同部分组装的相同故事。也就是说，只有当双方的故事基本相同时，信息才能准确传达。

在信息没有有效传达给对方的时候，对方的反应当然是一知半解。想象一下销售场景，这可能会更容易理

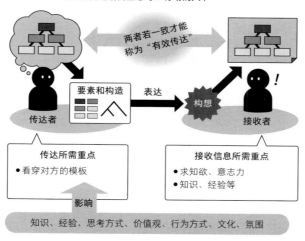

图1 何为"有效传达"?

解。作为传达者的销售员,会用价格、功能、使用场景等构成该商品的"零件"的故事来传达购买商品的好处。但是,顾客如果只接收到价格信息,并感到震惊,就会觉得"太贵了";如果无法想象使用场景的话,就会觉得"看起来很方便,但我不需要"。在这种情况下,优秀的销售员应该仔细观察对方的知识、经验和思考方式等,以便准确地传达商品的优点,并根据需要随时调整销售话术，有时甚至要重新组织故事情节。这时，如果能注意到图1中对方的"价值观""行为方式"，甚至意识到"文化""氛围"等，那么整个沟通过程就会更加顺畅。

所谓"氛围"，是指对方身边形成的整体氛围，它会对对方的想法和行动产生强烈影响。它虽然和"文化"很相似，但很多人或周围的人都没有意识到这一点，所以我就把它单独拎出来解释了。无论如何，巧妙地利用这些因素，只有在对方心中形成了你构思的故事，信息才能准确传达，从而实现"把商品卖出去"的目标。

对于无法理解以上内容的人，请务必记住以下这句话："自以为传达了""自以为明白了"，实际上就是"几乎无法传达"。正确地传达和接收，就是如此之难。以此为前提，你就会明白对对方抱有过高期待的坏处。因为这可以在某种程度上预见可能会发生的问题，所以我们需要确认自己真正想要传达的内容是否已经到位，如果没有，也不要慌乱，可以一边考虑替代方案一边应对。

传达清楚必须这样做

在此,我还想介绍一下清楚表达的要点。第63页图1中写有"接收信息所需重点",即"求知欲、意志力"和"知识、经验等",这些都是接收者必须具备的"接收基础"。如果对方没有这个基础,无论使用多么高超的技巧,信息也无法有效传达。

在对方不具备接收的基础的情况下,说得极端一点,我们必须从构建这个基础开始。也许你会觉得这很麻烦,其实,清楚表达本来就是一件很辛苦的事情。我认为,在大学里,教会清楚表达是教师的职责。为了能让学生们表现出强烈的学习兴趣,我们会给他们讲失败的故事,也会提供给他们体验学习的机会。

人一旦真正想"我要掌握这些知识"的时候,大脑就会主动地工作。在想要自主获取知识的状态下进行学习实践,效果较佳,这一点得到了广泛的认可。如今,基于"自主学习"思维方式的学习方法也被引入到教育中。

例如,在海外旅行时,如果觉得某个国家很有魅力,你可能会想"要是能多会一些这个国家的语言就好了";在工程学的学习中,如果你有"设计一个安全的游乐设施模型"的课题,你可能就会好奇哪些材料既便宜又安全,还容易加工。在求知欲强烈的情况下,你的大脑就会像这样建立起获取知识的基础。这样,对于需要建立基础的人来说,你就能更清楚地给他们传达信息,他们也更容易理解。

然而,刚刚谈到的点是基于知识为前提的。在准确传达当事人的状况、想法以及话语的真正意图时,需要考虑的因素与在传授知识时需要考虑的因素有很大的不同。接收这些事物的基础,和接收知识的时候的基础是不同的。这一部分至今为止没有被深入探讨过。虽然只是推测,但如果传达对象是像家人或恋人那样亲密的关系,或是有信赖关系的朋友,因为你想理解对方的感受,当你知道对方对某件事情的认真态度时,你可能就会更愿意接收信息。所以,这种"特殊的关系"可能就是接收信息的基础。

当然,除了那些特殊关系的人之外,其他人也有可能清楚准确地接收信息。那就坚信这一点,并持续不断地传达信息，直到对方理解为止。因为不同人的性格和好恶不同，这可能要花费更多的时间，效率也很低。因此，建立一个可以快速且正确地传达自己想要传达信息的这种特殊的关系，就是如此之难。

我身边就有很多这种特殊关系的人。家人就不用说了，很多在研究会上一起学习的伙伴们也是这种特殊的关系。在研究会上，大家会针对每个阶段感兴趣的问题聚在一起进行讨论，这种情况持续了很长时间。多亏于此，我们能在成员们各自的脑海中形成一种共同的、可以互相理解的模板。说得极端一点，即使我用"那个的那个"这种模糊的说法，对方也能准确地理解我的意思，知道"原来是那个啊"。

在长期持续的交流过程中，我发现自己不仅能准确传达知识，甚至连内心的真实意思也能更容易传达了。对于那些难以整理、无法顺利用语言表达的内容，周围的人经常会提前帮我表达出"我想他应该是这样思考、这样考虑的"，来进行内容的补充，这种事情经常发生。因为能够在共同理解的基础上进行丰富的讨论，研究会这种场合对我来说真的是宝贵的财富。

这种特殊的关系不是一朝一夕就能建立起来的。可能要花几年、几十年，也有可能花大量时间也无法建立。回顾一下就会发现，共同理解的模板是在认真交流各自意见的过程中形成的。我认为，只有建立这样的场合和关系，才能构建出一种特殊的关系，让我们能够更好地传达想要表达的内容。

沟通中的偷懒现象：年龄增长与理解成本的较量

但是，实际上很多人都在做相反的事情。在需要努力沟通交流的场合，他们倾向于巧妙地掩饰自己，喜欢做表面功夫。这或许是一种企图避免不必要麻烦的智慧。话虽如此，这种息事宁人的相处方式，确实很难建立起能够传达彼此真实意图的关系。

另一方面，即使在认真交流的情况下，人也会因年龄的增长而产生沟通的问题，我就有切身的体会。上了年纪之后，我会吝惜去准确地表达。要正确地向别人传达某件事是很困难的，而人们如果要想做好这件事，则需要极大的能量以及努力尝试简单易懂的传达方法。认真做事会消耗大量的体力和智力，所以人们会想要轻松一点。不遵循正确顺序而去走捷径，简而言之就是偷懒。

这是经过长时间的积累和丰富经验后才能做到的事情。其实，世界万物都是如此，人们在获得某种智慧、技术、科技等的过程中，最初是认真地按照正确的顺序学习的。然而，在长期持续的过程中，积累了各种经验后，人们就会明白在哪里可以走捷径。如果在实际尝试中取得了成功，尝到了甜头，人们就会开始偷懒，在大众的价值观中，这被称为"效率化"，被视为是"好事"。

特别是对于那些能很好地理解自己的话语的特殊关系的人来说，这种偷懒的行为会更加严重。我也是在不经意间地变成这样的。在讨论事物的时候，我经常会被周围的人指出说话时"省略必要说明的情况越来越多"。

尽管如此，对方还是明白了你的真实意思，所以你并不会意识到自己其实在过度地偷懒。但是，对于交往尚浅的人来说，有时你就无法有效地传达信息了。当这种时候，当你看到旁边的人像翻译一样告诉那个人"他刚才的意思是这样的"，你就会开始思考"原来如此，原来这样做是传达不了的啊"，这样的情况也越来越多。

在这几十年里，我在失败学的研究内容越来越深入了。对于一直关注失败这一过程的人来说，用"那个的那个"这种模糊的说法，或者直接说出结论，他们也能理解，但对于不熟悉的人来说，似乎就很难传达了。以前，我也会耐心地对这样的人从头开始详细解释，但这样做会花很多时间。因为基本的内容都整理在书里了，所以我会想"请阅读后自行理解"，渐渐地我就开始走捷径了。这种偷懒的现象在上了年纪之后变得更加明显。

对工作上有交情的人，我也会这样，所以对关系更亲密的家人或者朋友等，就有更过分的偷懒倾向。实际上，我因此被家人抱怨的次数也增加了。

不仅是我，我敢说世上所有的老人都是如此。实际上，明明可以认真地表达，却因为撒娇和偷懒而产生了不必要的麻烦，这样的事情经常发生。这种态度，尤其容易对亲近的人表现出来。也许传达者会觉得那是亲情的反证，是出于对对方的爱，但在对方看来，这只是一种"自私的行为"，所以一定要注意。

记不住不感兴趣的内容

随着年龄的增长,我们渐渐失去了让他人理解自己的动力,同时,努力去理解别人的精力也在减少。对方明明在说话,我们却听不懂,也不能理解,也不想去理解,这也是衰老现象之一。

我对此深有感触。在家庭聚会时,周围人的谈话似乎只是从我的一只耳朵进,另一只耳朵出,有时我甚至记不清他们说了什么。那些在脑海中一闪而过的,都是自己不关心的事情。尽管如此,凭借多年的经验,我表面上仍然会装作在倾听,并给予回应。因此,我会觉得"明明认真听了怎么还……""该不会是认知症吧",事情就变严重了。

这实在令人困扰,这是因为失去了努力去理解对方所说的话的能量。上了年纪后,虽然集中注意力去听可以帮助我们理解和记住内容,但持续集中注意力会让人感到疲惫,所以我们往往会假装在听,而实际上只是随便听听。对于那些我们感兴趣的事情,即使不刻意去记住,也会留下印象;而对于不感兴趣的,则完全不会留下记忆。大脑中就像设置了自动过滤器，可以过滤掉多余的记忆，它们被完美地筛选出来，这真是不可思议。

每个人对每件事情的价值认同都不一样，和经常在一起的家人可以实现价值共享，但这并不意味着我们"自动过滤"的事情会完全相同。但实际上，由于生活模式和日常所做的事情大不相同，所以这部分会产生差异。我虽然并没有太在意，但回想起来，家人也有好几次对我说的话被我左耳进右耳出了。

特别是在亲密的关系中，这种偷懒是不被接受的，如果连对方认为"重要的事情"都不认真听的话，问题就大了。以前我可能因为工作忙而找借口，但现在这种借口已经不再有效。我深刻地感受到，即使关系再亲密，年老时我们也需要更多的关心和理解。

只想讲自己事情的老人

沟通障碍是老年顽固派的表现，这一点往往体现在只谈论自己的事情上，被大家普遍认为是不受欢迎的老年人行为之一。我也曾被家人提醒过，要注意自己有这方面的倾向。

不过，我的情况可能更多是出于分享知识的愿望，而不是单纯的自吹自擂。这是我一边观察各种事物一边做研究的结果，我自己认为"引出话题多"反而是长处。在工作中，这一点得到了重视，我经常被邀请到生产现场或事故现场，来分享我所注意到的各种问题细节。也许是因为这个原因，我养成了把注意到的事情说个不停的习惯，不知不觉也带到家庭生活中了，但这样好像也不太好。

出于对自我的反省，我最近不仅在家庭生活中，在研究会的讨论场合也会尽可能地去倾听。作为主讲人，我不可能一直保持沉默，但我会先简单开场，然后等其他人发言完毕后，再分享我的感受和想法。我能够安静地听他们说话，是因为参加研究会的人都是活跃在某个领域的一线人员，他们的发言都很有趣。光是听他们说话就已经让我感到满足了。

世上有很多老人，只要自己不在话题的中心就会觉得不甘心。我现在似乎没有这种倾向，这恐怕与过去的经验有关。我曾遇到过一个典型的老年顽固派，他如果不被视为现场的主角，就会不高兴。

　　三十多岁的时候，我在大学当副教授，受朋友邀请，和某个业界的人一起去美国参观学习。因为可以接触到某项技术的前沿，出于纯粹的求知欲，我接受了邀请。那次参观旅行让我印象深刻，而担任负责人的正是那种只要自己不在话题中心就不甘心的典型老年顽固派。在旅途的过程中，我听说他很不高兴，说我是个不尊重他的家伙，我也非常后悔当初轻率地参加了这个旅行。

　　我之所以参加这个旅行，是出于对参观目的地的兴趣，对业界的人际关系和政治方面的事情则完全不关心。但是，在那次参观的行程中，这种想法似乎行不通，像我这样不会阿谀奉承的人，似乎不应该参与其中。这样会给邀请我的人带来麻烦，所以从那以后，我就不再轻易接受别人的邀请了。有想要参观的事物或地点的时候，我会亲自策划组织，同时也下定决心："我绝对不能成为那样的人"。在我组织的参观旅行中，参与者可以进行一定的自由参观。

　　虽然没有任何个人的恩怨，但那次见到的负责人的行为对我来说，是一个反面教材。我之所以会比别人加倍注意自己的行为举止，也是因为有了那时候的经验。

随着年龄的增长，我能逐渐理解老年人想要成为话题中心的感受。我自己运营研究会，所以还不会变成那样，但社会的结构对老人来说是不友好的。退休、退位等过程，通常会让老年人觉得自己的位置逐渐消失，曾经处于中心，现在却被边缘化，这是非常孤独的。所以，有些人即使被称为老年顽固派，也会不由自主地想要成为话题的中心。

同时，随着年龄的增长，老年人体验新事物的机会也会变少。老年人可以向人炫耀的新事物日渐稀少，所以可能会反复讲述自己年轻时引以为豪的事情。如果一直听同一个故事，人们会受不了的，讲故事的那个人就会被周围的人认为是麻烦的老人。为了避免这样的情况发生，只能通过适当的行动来增加自己的傲人事迹，但由于老年人的精力和体力都在衰退，这变得越来越难。

被称作"女人之敌"

人与人在沟通时，如果不仔细考虑对方会怎么接受的话，就会产生纠纷。随着年龄的增长，老年人的沟通能力可能会下降，因此可能会因为考虑不周而导致与周围人的争执，这是很常见的。但我们需要特别注意这一点。

我也曾因为把想到的事情直接表达出来，而被朋友提醒过。那是在我担任消费者安全调查委员会的委员长时发生的事情。我深刻体会到了"言多必失"的道理，意识到自己需要更加小心。

日本的消费者厅是内阁府的一个外局，负责与消费者相关的行政事务和消费生活中重要物资的品质标准。这是一个相对较新的组织，成立于2009年。2012年时，我担任了日本消费者安全调查委员会的首任委员长，这个委员会主要负责调查与消费者相关的各种事故。其目的不是追究刑事责任，而是通过调查防止事故再次发生，也被称为"消费者事故调查"。

消费者安全调查委员会的职责是决定调查哪些事故、调查方法，以及审查调查结果。除此之外，作为委员长，我还有对外发布信息的工作，负责在定期举行的记者招待会上公布事故调查结果等。另外，在有电视摄像机的正式记者招待会结束后，我也要抽出时间，对留在现场认真采访的记者们认真地说明安全调查委员会的调查方式，以及回答他们的提问等。

新闻和电视自然会报道这次采访以及之后的问答内容。我在记者会后的采访发言，都是根据各媒体的报道，进行综合或概括后整理的。因此，我认为发言只要能在社会上引起广泛关注就可以了。但是，我没想到会因为这件事受到朋友的批评。

我被批评的原因是关于染发引起的皮肤损害，即关于白发染发引起的问题而召开记者会时的报道。所谓的白发染发，对皮肤产生损害的危险性很高，实际上很多产品都出现了问题。现实中，很多人明明知道是危险的事情，却会优先考虑想要看起来漂亮或年轻的要求。我已经不记得我在报道中具体说过什么了，但好像是不应该提及的内容，有一次，我和合唱伙伴们在练习后的庆功宴上走进饭店正在谈笑风生的时候，一位女性笑着提醒我："你这是要成为女性公敌啊，这样的发言还是小心点比较好。"

我虽然一开始不太明白，但是仔细思考之后，恍然大悟。白发染发的危险性不用我多说，染过的人都很清楚。即便如此，为了让自己看起来更年轻或好看，这是必要的，所以，许多女性会仔细考虑并做出决定。在这个事情上，像我这样自己没染过头发的、完全不合时宜的男性堂而皇之地闯入，一边挥舞着权力一边说"这是对身体有害的危险的东西！""必须从一开始就不要使用的危险的东西！"从报道上看，我倒像是在漫不经心且自以为是地解释说明，所以我觉得她是在提醒我"小心不要成为女性的公敌"。

公众看到的报道中的发言，不管是否违背了我原本的意图，都可能会认为是我的问题。我认为提醒大家注意危险性的东西是我当时的职责，所以即使吃了亏也觉得没关系。同时，我也通过这件事重新认识到，每个人的接受程度都是不同的。因为这个案例是一个人对全世界传达话语，所以产生误解也是不可避免的，但是我觉得一对一的交流要更加注意避免这种情况。

当"嗯……"成为口头禅

还有一种与沟通相关的老年顽固派行为模式,就是不顾及当时的氛围和他人的言行,导致气氛恶化,使他人感到不快或愤怒。刚才的案例都是通过报道播报出来的,情形与之略有不同,但相同的一点是,这些都给别人带来了不快的情绪。

为了避免这样的问题,我曾听说过这样一种说法,就是在多数人观看的非特定电视节目中,为了避免断言性的言辞,可以经常使用"也许"这样模糊的表达方式。这看似是一种妥协的态度,但对于那些经常因语气强硬或强词夺理而给周围人带来不快情绪的人,为了把握分寸,或多或少可以借鉴学习一下。

倒不是因为刚刚提到的那件事,只是在不知不觉间,我也开始使用柔和的表达方式了。不知从什么时候开始,"嗯……"成了我的口头禅,我自己都没有意识到,直到被周围的人指出才发现。它的使用方法很独特,不是直接对对方的话做出反应或回答,而是在表达对某件事的感想时,用"嗯……是的呢"这样的表达方式。

我试着以自己的方式重新思考了一下在场景中"嗯……是的呢"出现时的含义，我想这应该是对新认识的知识和概念的一种类似"初次见面"的打招呼。当我的脑中没有的东西第一次进入大脑的时候，我不知道该如何应对，感到迷惘，如果直接说"欢迎光临""初次见面"这种话就太奇怪了，所以作为接收信息的第一个回复，我使用了"嗯……"。

这种时候，如果是以前的话，我会更加明确地说出"原来还有这种事啊"。而现在，我会用含糊其辞的表达方式，这有将攻击性、严厉的批评等尖锐的反应用纸巾包起来缓和的效果，所以不知不觉中我就开始使用"嗯……"了。

当我把我的分析告诉事务所的工作人员的时候，他们指出，在谈话内容不明确时，我也会使用"嗯……"。对于不理解的语言或意见，我并不会直接说"我不明白"，而是用"嗯……"来回应。这似乎表明我会根据不同情况使用了不同的"嗯……"。在需要明确区分对错的时候，这种回应方式可能会让人感到困惑，但在无伤大雅的交流中，为了避免引发争议，这种含糊其辞的方式或许出乎意料地重要。

但是，我们在使用的时候，要适当地揣摩现场的气氛，有必要看清对方的反应。如果不察言观色，总是说些模棱两可的话，周围的人会因此感到不快，有时甚至会让人认为自己有患上认知症的嫌疑。这的确都是需要留意的事情，非常繁杂。

累到头脑无法思考时

人的能力并不是一成不变的，而是会被当时的状态所左右。即使是理所当然能做到的事情，一个人在身体疲劳时也可能无法完成。随着年龄的增长，我越来越能体会到这种感觉。

不仅是身体，大脑也一样。平时明明很正常地在转动，使用久了，一旦人感到疲劳，大脑也有突然不动的情况。我以前就有这样的苗头，但最近越来越明显了。

前几天，我应邀去一家包住宿的公司做演讲。在住了一晚之后，我像往常一样，有条不紊地向聚集在一起的管理层和员工进行了演讲，之后还做了答疑，但那时我的能量耗尽了。然而为了公司内部报刊的内容，在这之后我仍受邀与总经理进行了交谈，但当时我的大脑已经因为疲劳而无法正常工作。

尽管如此，我还是能维持表面的交流，这要归功于多年积累的经验。我大致知道在这种情况下应该说什么，以及如何回应对方的话。因为疲惫，我选择了不费脑筋的表面交流。

这种变化并没有逃过同行伙伴的眼睛。这是一位长期与我分享失败学理念、工作能力相当的重要人物，我在某种程度上预想到了会发生这样的情况，所以邀请他同行。他似乎很快察觉到我已经没了能量的事实，便伸出援手说："由我来代为与您谈话，老师坐在旁边听就行了。"对方也非常理解我的疲惫，说："如果对记录内容有问题的话，请在审阅内部报刊校样时提出。"这样一来，他们对话的时间就可以用来消除我的疲劳了。

然而，敷衍的应答会使周围的人感到为难，这是老年顽固派的典型表现之一。这种情况下，人虽然可以进行表面功夫的应答，但也会让对方觉得像被烟雾包围一样不舒服。但是，人在那个时候的状态说不定就像我一样,可能只是因为大脑疲惫而无法正常思考。

在这种状态下,我几乎不可能好好地进行应答对话,如果不是熟悉我的人,就不会注意到这一点。由于我本人也不清楚地解释自己当前的状况,人们可能会从"有点奇怪"的印象转变为怀疑此人是否患有认知症。

这种时候,如果周围有人能马上察觉并给予休息的机会,那可就帮了大忙了。这样一来,老年顽固派的情况就会减少,对谁都有利。实际上,能够理解这一点的人并不多,所以我想,会有越来越多的老年人被认为是老年顽固派,甚至被怀疑是否得了认知症而感到不快。

降低敏感度

容易情绪化是与沟通有关的老年顽固派的行为表现之一。他们可能会因为不喜欢别人的说话方式或态度而突然发火,甚至翻脸。我虽然没有亲身遇到过这种情况,但偶尔会听到类似的故事。

容易情绪化,恐怕是因为敏感度高的关系。看到了周围人的态度,听到了他们说的话,才会做出这种强烈的反应。总的来说,很多人明明没有这样的想法,却对对方的某些态度或谈话内容做出过度反应,这是很麻烦的。

为了减少这种老年顽固派的行为,并不是说要一个人假装看不见或听不到,而是要学会不去过分在意周围人的态度和话语。这样做其实比想象的要简单。

相反,如果过于不敏感,我担心可能会产生不必要的误解。实际上,一个人如果对周围的人和事完全没有反应,这同样可能被视为老年顽固派的一种表现。这个度很难把握,所以我们需要根据周围人的反应来调整自己的行为。就我个人而言,那些动不动就情绪化,或者摆出权威妄自尊大的老人,在周围人看来只会带来困扰,我认为保持较低的敏感度比过高的敏感度要好。

我想这样老去

曾经有个人让我产生了"想要以这样的方式老去"的想法。他就是已故实业家原安三郎,曾任日本化药公司会长。我研究生毕业后入职日立制作所时,有幸与他见面。大学前辈告诉我:"将来步入社会,一定要见见他。"于是我们一起去拜访了他。

我后来查到,原先生出生于1884年,我见他时,他已年过八旬,和我现在差不多大。在他看来,眼前这个二十五岁的新员工,不过是个乳臭未干的毛孩子。对我这样的人,他居然花了半天时间认真地接待了我。是单纯的一时兴起,还是看到我的脸有了什么感觉,我现在已经无法去确认了,但每次回想起来,我都满心感激,那真是段难忘的经历。

遗憾的是,现在的我对当时的记忆已经很模糊了,真后悔当时没趁记忆清晰时写下来。唯一欣慰的是,我以前的书里提到过那段时光的一些小事。当时为保护隐私没提原先生的名字,但我觉得,哪怕只传达出他一点点的人格魅力和宝贵教诲,也是好事。

当时我在书中介绍了这样一个小插曲。我被带到接待室,他突然问我:"你觉得我爬了几级楼梯上来的?"我惊讶之余,立刻开动脑筋。那里是建筑的2楼,考虑到1层楼的高度大概是3米,一个台阶的高度是20厘米左右,因此进行计算后我回答说:"大概是15级台阶。"

原先生马上告诉了我真相，原来这个问题在入职面试时似乎经常被问到。目的是看对方是否掌握了大致的数字概念，在没有正确答案的情况下，对方能否当场计算出所需的数字。他还说："无法掌握大致数字的大小，无法自己计算所需数字的人，既无法经营公司，也无法成为技术人员。"顺便一提，我的回答看似信口胡说，但因为是基于现实台阶高度推导出的数字，因此是接近实际的，所以被认为是"合格"的。

这之后他谈到了曾因为小时候生病留下的后遗症，而差点被学校开除的事，还说了很多职场的不顺利的事。作为一家生产火药的公司的经营者，在战争期间，他没有生产军用火药，而是致力于生产工业火药，所以在战后，他免于被开除公职。此外，他也教给了我很多经营者的心得。

我印象深刻的话题是关于做决断时的诀窍。他教导我说："考虑一晚上，然后自己得出结论并付诸行动"。因为重要的事情在平时就已经考虑过了，没有考虑到的事情再想两三个晚上也得不到答案。所以只能通过现有的信息来判断，再用一个晚上思考就足够了。他还告诉我，虽然可以寻求他人的意见，但"重要的是最后还是要自己做决定"。依赖他人判断固然可以轻松地得出结论，但如果结果不理想，自己就会不由自主地把责任推给对方。最了解情况的是自己，所以最后的决断应该由自己负责。

这次会面后，前辈告诉我，其实原先生考虑到我将来会负责重要的经营决策，所以他才教了我很多。果然，两年后我被东京大学召回，一边从事工学研究，一边教授学生。虽然我因为脱离了实际业务而没有成为经营者，但原先生的教诲在很多方面都对我有所帮助。我深深受到了他的影响，以至于我的失败学中也包含了这些教诲的精髓。

回想起来，原先生的话语中完全没有老年顽固派常有的自大、骄傲和强迫感。当我如今独立思考问题时，他的话依然给了我很大的启发。人生导师的作用和意义不正是如此吗？因此，我强烈地希望想要以这样的方式老去。

在那之后，我也遇到过几次让我产生这种想法的人。

其中之一是某大型企业的高层管理者。我们是在我将失败学公之于众之后开始接触。他很好地理解了我的理念，并从高层的角度教了我许多外人无法了解的知识。有时，为了深入沟通问题的本质，他会以不记笔记、不泄露为条件，告诉我一些不会公开的数字。

我绝对遵守这样的约定，所以经常从信任我的人那里听到他们的真实想法和秘密。这种时候，对方对我的期待是，利用这些信息创造出能为社会带来巨大利益的新见解和价值。我自己也始终关注这一点，所以在某种程度上我也起到了这个作用。就像那些冒着风险支持某项活动的人们一样，我开始强烈地意识到，自己能否帮助别人创造出对社会有益的新见解和价值。这或许与下一节提到的导师的活动有关。

导师的"烟花"

老年顽固派最严重的现象，往往源于掌握重权者的行为。掌管大型组织的人如果做出错误决策或指示，其负面影响会波及整个组织，有时甚至会导致组织无法正常运转。

特别是探索新领域的组织，这种老年顽固派会造成很多非常严重的问题。没有知识却拥有权力的人，会根据自己的想法做出奇怪的判断，将组织导向错误方向。

这不仅对周围的人，对其本人来说也是非常不幸的。我曾在一本书中提到过，这种情况最好的应对方法就是"退场"。其目的是通过消除负面影响，以维护整体利益。尽管这对当事人来说可能很痛苦，但在必要时刻做出决断，这至关重要。

话虽如此，我所说的"退场"并不是"下台"这样的激进举措，而是"离开当下的场景"或"放下当下的那个权利"的意思。不适合的人就不应该做不适合的事，这是理所当然的，这时最好的办法就是把工作交给适合的人，自己只要做适合的事情就可以了。

对于拥有大权限的人来说，最适合做的是为了组织的进一步发展，支持正在挑战新事物的人们。这种活动在组织中很容易受到批评，保守的人很容易横加干涉。当一个人本职做得不错的时候，人们就会觉得他不要做多余的事情，只要做以前的事情就可以了。但是，这样一来，未来所需的新生力量将无法涌现和成长。支持这种流动的是有权限的人的职责。也许在有些人看来，这也是老年顽固派的一种形式，但站在高处考虑的话，哪一种对组织更有利是一目了然的。

即使没有很大的权限，这样的人也能给组织和周围带来好处。我在做的"导师"工作就是如此。将其比作顾问应该比较容易理解，但准确地说其实有点不一样。

以提高思考新事物的能力为目的，我为企业开展了名为畑村塾的研修活动，参加者大多是高层或负责开发和策划立项工作的人。另外，以促进创新为目的的科学技术振兴机构（JST）的"项目经理培养·活跃推进计划"也进行了类似的活动，它面向社会公开招募研修生，对象主要是在企业或研究机构担任创造性工作的人员。

我在这些活动中担任讲师。目前，基本知识的传授工作已交由他人负责，但我一定会出席他们方案策划的汇报现场。我的任务是认真听他们演讲，并把自己的所思所想传达出来。这就是导师的工作，导师所做的事情被称为"指导"。

导师和顾问最大的不同在于，不会对他们的汇报和业务提出详细具体的建议。在各个领域，只有实际从事该领域工作的人才拥有更丰富的知识，所以没有详细知识的我的建议没有太大的帮助。但是，在倾听他们的发表和探讨时，我会结合自己的经验，说出自己的想法、考量、感受，似乎会对他们有很大的帮助。对于听众来说，也许是因为他们感受到了与日常业务不同的新鲜事物吧。

所谓指导，就是激发思考和提示的行为。我的做法是，结合对方的话语和自己的经验进行思考。这将作为一个契机和提示，促使对方自发地深入思考问题。当进展顺利时，你能迅速察觉到对方变得充满活力。

用我自己的话讲，导师的工作可以形容成是在对方的大脑中放"烟花"，对方在指导下，会获得巨大的启发。这像是一场真刀真枪的较量，一天下来，我也累得筋疲力尽。但是，我能看到对方对我的语言做出反应，并积极地行动起来，获得新的发现并有所成长的样子，所以我觉得这是一份非常快乐的工作。

最适合做导师的人，是在自己的领域中经历过成功和失败，或经历过困难并克服挑战的人。与那些只看到事物美好一面的人相比，在一线具备扎实努力经验的老手更合适。此外，那些能够灵活应对对方的话题，并根据自己的经验谈论各种事物的人也很适合。但是，导师的职责并不是教导对方，也不是让对方遵从，而是让对方注意到自己的想法，创造出让对方自主思考的状态，因此，那些只关注自己的话题，不观察对方状态或不听对方内容的人，并不适合担任导师。

在对方需要的时候提供提示，是导师角色的理想状态。这不禁让人联想到理想的衰老过程，或是理想的老年沟通者。时代不同，每个人经历和价值观也不同。过于详细地描述，不仅传达不了意思，还会让对方觉得自己被强加了过时的东西。与其谈论自己，不如传达那些能让对方在当下获得新的领悟的内容，这样更有帮助。我希望通过导师的工作，将这种理想的交流方式长期持续下去。

第 4 章
衰老方式因人而异

衰老给每个人带来的问题都不一样

在这一章中,我将试着探讨如何应对衰老带来的各种问题。首先必须明确的是,衰老的方式因人而异。人活得久了,人的身体各部分功能可能会逐渐下降,但这点也是因人而异的。有的人虽然身体衰弱了,但头脑还很清醒;有的人虽然身体很健康,但记忆力和思考力却衰退了,衰老方式的个体差距非常大,因此应对策略也应根据个人的具体情况来制定。

具体来讲,我认为可以从正视现实开始。这是每个人对自身衰老状态的判断。看似简单,但实际上却相当困难。正视自己正在衰老,就是接受身体功能逐渐衰退的事实。一个人的身体状况与健康时的差距越大,面对现实时的痛苦就越大,这需要一定的勇气和觉悟。

这种情况也与失败非常相似,我们可以借鉴失败学的一些理念。在失败的时候,很少有人能坦率地承认"都是我的错导致的"。有人即使承认自己与该失败有关,也会认为失败的责任"不在自己"或"在别人身上"。这种急于逃避的心态,是面对失败时的常见反应。

人们之所以想采取模棱两可的态度,是因为一旦承认失败,随之而来的痛苦会让人难以承受。因为接下来可能需要承担一些责任,所以如果可能,人们更愿意选择忘记一切,假装什么都没发生。这是一种自我保护机制。面对痛苦的现实,想要逃避是人之常情,这种反应非常普遍。

但是,现实并不乐观,不可能事事顺利。一个人如果不承认失败,不看事态发展,情况一般会越来越糟。当你意识到的时候,已经无法挽回,损失也会越来越大,这种情况很常见。

在这种情况下,坦率地承认并集中精力应对才是更好的策略。这可能会带来相当大的困难,因此如何克服这些困难,如何跨越障碍,是应对失败的关键。

应对衰老所产生的问题也是如此。我们只有面对现实,尽可能正确地把握自己的状况,才能更容易想出有效的应对方法。如果因为面对自己不愿意看到的情况而造成心理负担，甚至导致寿命缩短，那就太不值得了。每个人的情况都不同，因此最好在自己能力范围内尝试。

如果自己无法应对，另一种方法是寻求他人的帮助。日本的社会对年长的人很友善，所以随着年龄增长而产生的各种问题，可以利用公共制度或者依靠家人等，在一定程度上得以解决。如果有可以信赖和依赖的对象，我们就应该坦率地接受周围的这些帮助。

最重要的，还是创造一个让自己感到舒适的环境。这也是因人而异的。所谓应对衰老的策略，就是在与自身状态进行协商的同时，借助周边力量来达成自己所期望的世界。当然，要想长期维持这种状态，最重要的是不要给自己和周围人带来过多的负担。

衰老在我身上的体现

下面，我将分享我对自身衰老状况的观察和分析，以及我尝试的应对方法及其效果。这些内容本应从衰老者的视角记录和保留，如果能把以上内容作为分析你们自身衰老情况、思考对策时的参考，那真是我的荣幸。

随着年龄的增长，我身上出现的问题大致可以分为身体机能、记忆力和思考力三个方面。

首先从身体机能的问题开始说起，最明显的是听力和肌肉力量的下降。除此之外，我还会出现手抖、看东西重叠等各种问题。

我意识到听力下降是在妻子的朋友提醒她："你丈夫的耳朵好像变聋了，也许应该让他去看医生。"于是我妻子和我一起去看了我们长期合作的耳科专家，结果发现我患上了老年性耳聋。

我察觉到肌肉力量的下降是因为我走路变慢了。就像之前提到的那样，我走在路上时，突然发现已经很久没有超越别人了，反而经常被别人超越。有时候我会突然心血来潮，想追上超越自己的人，但就算努力加快速度，我也会觉得力不从心。眼看着对方越走越远，我决定不再勉强自己，按照自己的步调走。

以前我是坐电车通勤的，所以每天下班后都是从车站走路回家。以前，走同样的距离需要10分钟左右，现在需要15分钟左右。从这些数据可以看出，我走路的速度确实变慢了。

另一方面，步幅似乎也变小了。以前我走一步大约70厘米，并以此为标尺，用步数来测量研究对象的大小。比如从一端到另一端要走10步，那么我测量的结果就是大概7米长。但是，现在步幅缩小了，我不能像以前那样测量了。虽然没有准确测量过，但根据自己的感觉，现在我走一步大概是60厘米长。这样一来，步数测量时候的标尺基准也必须更改，就好比某样东西发生变化，那么其他的东西也必须随之改变，这确实很麻烦。

身体机能衰退带来的变化，也会体现在眼睛上。从几年前开始，"重影"的现象出现了。这是我自己命名的现象，因为我不知道其他合适的表达方法。我的左右眼睛所看到的某个物体同时分别出现在眼前，看起来就像有两个同样的物体一样。

我注意到重影的出现，是在沙发上躺着看电视的时候。因为电视中有两个人有着同样的面孔跟表情，所以一开始我还觉得"节目能做到这样的效果，真是不可思议啊"。仔细想想，那是不可能的，所以我很快就发现自己看到的东西变得很奇怪这件事。

我推测这可能是大脑功能下降的原因。当我试着每次只用一只眼睛看时，左眼和右眼可以分别进行单眼观察，我发现看到的图像分别准确地显示在两个不同的位置。通常情况下，大脑会通过处理左右两只眼睛看到的图像，进而生成立体图像，因此你会感觉自己在看一个图像。这意味着大脑在处理左右眼看到的图像形成立体视觉时，可能因为衰老而出现了问题，导致处理不完全的区域出现了重影。

我的手也抖得更厉害了。这个问题已经持续了四十多年，所以严格来说，这或许不是衰老造成的。不管怎样，吃饭的时候我用筷子夹食物时汤汁会溅到周围；写字或画图的时候，笔尖也会颤抖到不能流畅书写，这种令我困扰的状态已经持续很长时间了。

有一次，我在定期体检时向负责的医生咨询，并得到了专业医生的推荐，随后由他进行了诊治。专业医生的解释是——"震颤"，这是一种部分身体有规律地向一定方向抖动的疾病。于是我拿了药服用，坚持了一个月也没有任何效果，跟医生咨询过后，我就不再服药了。

我认为这也是因为大脑出现了问题。这可能是外行人的判断，但我推测应该是由肌肉控制的传导系统的某个部位出现了故障的缘故。这么一想，针灸治疗是不是比吃药更有效呢？因为我到现在还没有真正尝试过，所以不太清楚是否真如我假设的那样。

我在工作中经常用手撰写文字和绘图，所以手抖让我很苦恼，我意识到我必须找到解决身体机能障碍的方法。直到有一次我观察了我颤抖的方式，于是思考了应对方法。我发现震颤主要发生在手腕底部的肌肉，而不是指尖。于是我想，如果把手掌的外侧压在纸面上，操纵指尖的肌肉，是不是就能写好文字、画好图了呢？我尝试了这个方法，效果非常好，现在我又能顺畅地写字和绘图了。

这进一步增强了我的自信，我觉得手部的颤抖是由于肌肉的控制传导系统产生了故障，这是我这个外行人的判断，但出乎意料得准确。

尝试用机器来弥补身体功能的衰退

当然，我也会认真考虑专业医生考虑的处理方案，就比如去使用针对老年性耳聋而推荐的助听器。推荐给我的是我一直很信赖的加我医生，这也是我愿意接受这些建议的原因。

大约从十年前开始，我每次去医院做体检，主治医生都会对我说："你的听力开始下降了，不如试着接受专业医生的检查吧。"然而，我去找耳部的专业医生加我医生进行就诊时，他并没有提到助听器，只说："你的耳朵已经开始老化了，请你让周围的人对你说话时尽量口齿清晰。"正是这个加我医生，让我意识到自己的听力问题可能比想象中严重。话虽如此，但我并没有感觉到自己耳朵的状况有什么明显的异常，或许是因为助听器的技术已经有了很大的进步，所以我决定试着用一下。

我在佩戴助听器时，首先要做听力检查，这是为了确认能听到的音量区域，同时也是确认听不到的声音范围。为了满足日常的对话和生活所需要的声音环境，助听器是必不可少的。总而言之，其目的是因衰老引起的机能衰退导致的耳聋，以及满足日常生活所需的声音范围。

就这样，我有生以来第一次戴上了内置计算机的助听器。因为听得太清楚，刚开始的时候我甚至经常觉得周围的声音很吵，经常马上把音量调低。但是，在每天使用的过程中，我已经慢慢地习惯了，佩戴时的不适感也消失了。相反，我开始在意一整天都在使用之后，在就寝前取下时那种异样的寂静。那感觉就像被人在头上罩了一个隔音筒。

第一次佩戴助听器的那天，我偶然看到手里的周刊杂志上有一篇学术论文介绍：人如果对听力问题置之不理，认知症的发生概率将会翻倍。比如，如果把某个人的名字"佐藤"听错成"加藤"，并在脑海中进行固定记忆，就会创造出不存在于这个世界上的人。人会根据名字和性格等信息构成来认识一个"人"，并将其视为实际存在的人进行记忆，但在旁观者看来，这是不存在的人，双方会因此出现意见的分歧。这种时候，在周围的人看来，当事人只是在说些关于根本不存在的人的奇怪的话，所以会被当成是认知症对待。

另外，也会出现听错时间继而发生实际影响的情况，比如"7点"和"1点"这种。人如果听错了非常相似的发音还固定地记错的话，大家稍微想象一下就能明白会发生什么。举个例子，如果你明明记得聚会的开始时间是晚上7点，然而去参加聚会时，店家很有可能会对你说：

"那个聚会是从中午1点开始的,下午3点多就结束了。"幸运的是,我并没有亲身经历过这种错误,但类似的情况时有发生,我可以想象出发现错误的那一刻的糟糕心情。

戴上助听器的一年后,我感觉又像戴上了睡前的"遮声筒"一样了,意识到原来的听力可能又衰退了。于是我再次进行了听力检查,结果是"没有变化"。但我感觉到佩戴时的状态和取下时的差异很大,说明我的听力障碍已经相当严重了。并且,我更加清楚地意识到,不戴助听器的时间如果增加,得认知症的风险也会上升。

实际上,我还了解到,我的医生在给我诊断时建议我使用助听器,也是基于这个原因。一般情况下,如果患者难以听到30分贝的声音时,医生会建议其佩戴助听器。我能够听到的声音(20分贝)比这个标准还小,所以本来是不需要佩戴的,但是因为使用助听器对预防认知症有效果,所以他判断下来推荐我佩戴。

结果,我每天都过得很舒服,我非常感激他的判断。

为了对抗肌肉力量的下降

肌肉力量的下降,是年龄增长所导致的诸多问题中最为棘手的。我虽然知道自己走得慢了,但找不到有效的应对方法,只能继续做我认为有帮助的事情。为了保持肌肉力量,我坚持每天散步,每周游泳一次。

我基本上每天早上都散步,如果有时间的话,下午也会出去走走。总而言之,我认为坚持才是最重要的,所以我一直坚持这样做。有人推荐我做深蹲,说这能有效增强肌肉力量。我曾学过并尝试过几次。但是,可能是我和教练不太合拍,我没能掌握正确的方法,总觉得不适合自己,所以很快就放弃了。无论做什么,我如果不能理解和接受,就无法去做;如果没有合理的解释说明,只是被告知"总之去做就好了",那我也根本提不起兴趣。即使被周围的人认为是"难伺候的老头",这也是我无法妥协的。

单纯地散步可以按照自己的方式来进行,所以我能够坚持下去。医生也对我说"你认为好的事情就应该坚持去做",这对我也是一种鼓励。只是他认为我自己设定的一天目标步数3000步太少了,所以要求我增加到5000步。这很难一口气走完,所以中途我会适当地休息再继续。19岁的时候,我就下定决心"做事绝不偷工减料",至今仍坚持这个决心,所以我能主动坚持下来。

我的祖父在85岁时去世了。在那之前他一直坚持工作,实在是干不动了才决定退休,在向关照过他的人一一道别后不久,他就去世了。当时我还是高中一年级学生,曾经和祖父一起从家走到都电(东京都运营的电车)的车站。当时我的感想是"他走得太慢了!"我至今清楚地记得,那时我已经意识到了这就是变老的感觉。

我现在也接近了祖父退休时的年龄。即使走路变慢,每天仍旧坚持出门散步,因为我想要用健康的脚走下去,恐怕是因为祖父是个很好的榜样吧。

另一方面,游泳是我在40岁左右时,突然想要活动身体而开始的。我是一旦决定了就会贯彻到底的人,每次游1000米,坚持了30年以上。话虽如此,但我觉得这没必要强迫自己去一次性游完,所以可以中途休息。每次我就这样游游停停,总共游1000米。

但是,过了70岁以后,我要完成这个指标就越来越困难了。因此,我从75岁开始把目标长度减少,变成了300米。虽然家人都说:"你好不容易坚持下来的事情,真是太可惜了。"但人最重要的是知道节制。虽然坚持的目的是维持健康,但如果勉强自己搞坏了身体就得不偿失了,所以我做出了这个决定。

根据我多年的经验,我把距离设定为300米,我借鉴了自己本职工作的工学知识,毫不犹豫地做出了这个决定。即使减少到1/3,身体也没有明显的衰退迹象,所以达到了预期的效果。

因三次跌倒而想到的事

在锻炼体力的同时,我也调整了我的行为模式。上了年纪,人最需要注意的就是防止跌倒。无论是听到周围人的建议,还是看到朋友跌倒后健康状况迅速恶化,我都深刻意识到"必须避免这种情况"。于是我在70岁生日那天决定"下楼梯时一定要扶着扶手",从那时起一直坚持至今。

之所以选择下行楼梯一定要扶着扶手,是因为下行时危险系数更高。人在下楼时一旦失去平衡摔倒，就会有一下子摔下来受重伤的危险。弄不好可能会丢掉性命，即使保住性命也可能留下严重的后遗症。为了避免给周围人带来负担，我决定先注意危险系数更高的下楼动作。

一开始我并没有过多注意上楼梯的动作。但是一旦没了力气，我自然而然地就会寻找可以手扶的东西。所以，现在无论上楼梯还是下楼梯，我都习惯抓着扶手。

在做出这样的决定之前，我家的楼梯是没有扶手的。于是我自己去家居卖场买材料，在家人的帮助下完成了安装。现在上下楼梯都变得很舒适了。

车站等公共场所的楼梯原本就有扶手。但是，有些地方的楼梯很宽，所以在从车站的检票口到站台，再从站台到检票口的时候，我会一边观察人流一边斜着走，朝着边上的扶手移动。如果有自动扶梯，那就更好了，我就一定会一直紧紧握住扶手。

像这样一边适度地偷懒一边锻炼，维持肌肉力量，我虽然或多或少改变了行为模式，但在这十年多的时间里，还是摔倒了3次。无论多么注意或准备多么充分，失败还是会像水穿过网眼一样发生。我的亲身经历再次确认了这一点。

第一次跌倒是在出差的时候。我结束了对某企业的考察，乘车抵达住宿的酒店，正要下车的瞬间，一个没站稳，我就直接倒下了。因为是撞到旁边的人之后才倒下的，那个人起到了缓冲的作用，但是我的脸好像撞到了地面，嘴唇边缘被磕伤出血了。幸运的是，当时我住的酒店里正好有一群医生在开会，有几位医生在回程途中经过，注意到了突发的异常，对我进行了简单的处理并安排了救护车，因此避免了严重的后果。虽说如此，我还是在医院缝合了嘴唇的伤口，脸上一段时间留有伤疤，在我自己看来是相当重大的事情了。

第二次是喝完酒坐出租车回家的时候，我在下车的时候摔倒了。那时候不是不能站稳，而是暂时没有站稳的力量，因为喝完酒我在车里很放松，肌肉也完全休息了。下车时，我不得不用平时不常用的姿势，但那时没能站稳，就软绵绵地倒了下去。

第二次跌倒和第一次不同，我没有受伤，这是不幸中的万幸了。同时，这几乎是我第一次体会到使不上劲儿的感觉，我强烈地意识到既然我也会发生这样的事故，那今后一定要更加注意。从那以后，我就觉得脚靠不住的话，就用手弥补，于是开始经常使用扶手，避免只依靠腿的肌肉力量进行身体活动。

第三次跌倒是在乘坐电车的时候。为了辅助腿部的肌肉力量，我带着登山用的拐杖出门了，但因为还没习惯用所以失败了。电车刹车停下的一瞬间，我失去平衡摔倒了。其实只要抓住吊环或扶手就好了，但我当时心里想的是，我无论如何都要用拐杖维持平衡。当时我将身体的重量都压在了拐杖上，它没能承受住，而且可怜地折断了，被我压在了身体下面。也许是它做了我的替身，我毫发未伤，不过，如果偏移一步，折断的拐杖可能会刺进我的身体导致我受重伤，所以我觉得使用拐杖时也一定要考虑它的承受强度，进而避免危险。

这三次跌倒都是很好的教训。我认为根本原因是随着年龄增长肌肉在衰退，因此为了预防事故的发生，我每天都努力走路来增强肌力。同时，在有扶手的地方我会使用扶手，走路时也尽量使用并习惯拐杖。多亏如此，到目前为止我还没有发生第四次摔倒。

有了这样的意识，就很难失败了。但是，我一想到失败的特性，就绝对不会掉以轻心。那就是无论做了怎样的准备，失败都是必然的。为了预防失败以及不重蹈覆辙，只有坚持不懈地进行持之以恒的努力。况且，有些意想不到的失败由于没有做好准备，造成的损失会更大。为了避免无法挽回的致命失败，提前采取措施来规避或减小损害是有效的。我在上下楼梯时一定要使用扶手也是这个原因。

其实在写这些内容的时候，我正经历着有生以来第一次住院。根本原因是前列腺肥大，影响到各个部位，最终结果是需要住院治疗。一般人前列腺肥大是从30多岁开始的，像我这样80多岁的人90%都有这种症状，明显是受年龄增长的影响。虽然我需要多次住院和手术，与未知的体验做斗争，但幸运的是，并没有生命危险。

随着年龄的增长，我的身体出现了各种各样的问题，为了安全，必须考虑的事情、必须做的事情越来越多。我想这之后也不会减少，只会越来越多吧。我不把这视为消极的事情，而是当作失败学的宝贵实践机会。今后我也想带着一些享受的心态继续思考对策并付诸实践。

我身上发生的各种记忆问题

一方面，我的身体机能在衰退，另一方面，我的记忆也确实出现了问题。记不住物品或人名、写不出想写的汉字、记错事等老年人常见的问题，我都一一经历过。这些原本没有或很少发生的情况频繁出现时，确实会让我担心。但是，仔细想来，这些问题也符合我的年龄，于是我通过自己的方式分析并采用应对方法来直面这些问题。

要在掌握具体状况的基础上制定方法。因此，我首先从发生机制的角度考虑。当记不起物品或人名时，明明答案就在嘴边，却无法说出口。我尝试分析自己发生这种情况的原因。

以下是我提出的假设。我以比喻的方式试着描述大脑中发生的事情。我推测在脑海中有类似词语连接的机制。我想找的词语被存储在一个高处的袋子里。当人试图回忆某个名称时，通常是因为大脑对其带有的某种属性产生了反应，相关的词语就会破袋而出。这种属性指的是想找的东西所具有的特征或性质。年龄的增长使这种反应变得迟钝，词语和属性之间仿佛有了看不见的屏障，使得词语的袋子不容易被打开，因此出现了"话到嘴边却说不出"的情况。

总之，想不起来要说的话是很令人困扰的，基于这个假设，我以自己的方式想出了一些应对方法。聊天时说不出一个人的名字，这种令人烦恼的问题多次发生时，我会列出这个人的属性。例如，"他做了某事"或"他说了某句话"等相关信息，这样就更容易想起来名字。另外，若是情况紧急或者怎么也想不起来时，我也会借助他人的力量。当列出该人的属性时，周围善于联想的人会像玩联想游戏一样，说"是某某吧"，告知我这个人的名字。幸运的是，我周围的办公室员工和研究会的同事中，有很多擅长这个联想游戏的人，所以在大多数情况下，有了他们的帮助，问题能很快解决。

如果记不起来地名或物品名，向周围人描述属性的方法也是有效的。但是，如果自己脑中的图像和对方脑中的图像不一致，这个方法就很难奏效。例如，当手边没有可以用"这个""那个"来表示的具体事物时，就很难向对方传达所指的是什么。即使表达了"用于某种情形"或"像某种形状"等属性，只要双方脑中的图像不一致，沟通就会一直是平行线，无法交汇。

近年来，人们进行线上会议的机会增多了，我也开始经常使用不熟悉的电脑和平板设备。这时，因为自己和对方脑中图像的不同，我遇到了很大的困难。当我不明白操作方法，想得到对方的帮助时，我看到的画面却无法展示给对方，最基本的情况都无法共享。在这种情况下进行交流是很困难的，我经常苦于无法清晰地把自己想问的问题问出来。

在这个案例中，自己原本就缺乏所必要的知识，想让周围的人来协助补充，却没有成功。这与前面所讲的原本有的东西但想不起来的情况有所不同。虽然可能有人认为只要掌握新的知识就可以，但事情并非如此简单。我使用电子设备不积极的主要原因是其设计思维和编程思维与我的理解不符，也就是说我无法理解其逻辑，也很难克服这一点。

但我曾经也能使用电脑。在担任东京大学教授期间，我甚至能盲打键盘。在临近退休前，我才不再触碰电脑。此时，我已出版了《失败学的建议》（讲谈社）一书。这之后，作为失败学的专家，我常接到各种工作请求，变得非常忙碌。那时我都没有时间自己回复邮件，所有事情都交给了办公室的员工处理。结果，不知不觉间自己就完全无法操作电脑了。

这恐怕是因为我对电脑的关注和兴趣完全消失了。就像注销汽车驾驶执照时一样，从不再使用某物开始，我对其兴趣和关注就消失了，甚至连简单的操作方法都完全忘记了。

如果本来就不能理解，再对其价值无感的话，要努力对这种事物产生兴趣和关注并不容易。现状就是，我只会在必要时使用智能手机的邮件功能与家人联系，并在工作中使用平板或电脑的线上会议程序，只剩这种程度的操作水平。由于无法从电子设备中感受到很大的价值，我不仅没能熟练掌握，甚至连普通使用的水平也放弃了。

遗忘的坏处与好处

关于记忆的问题，失败学认为"忘记是坏事，也是好事"。首先谈坏的方面。忘记的坏处就是失去了重要的教训，这经常会招致更大的失败。

人类是健忘的生物，如果放任不管，过去的事情就会逐渐忘记。在讲述人类的健忘时，我总是会提到一个法则。"3"是关于记忆衰减的关键词，我们需要了解的关键词是3日、3个月、3年、30年。

一旦重复做同样的事情，人很快就会厌倦。"3分钟热度"这个词表示过了"3天"之后，人对该事件的关注就会变淡。但对于自己曾经经历过的失败那样惨痛的事情，记忆会更持久一些。尽管如此，人在"3个月"之后也能忘记很多事情，即使是非常痛苦的体验，"3年"之后也会忘记当时的事件。

在组织和特定地域中，也会理所当然地发生记忆的衰退。在组织和特定地域中的记忆，有些会作为活动记录保存下来，所以几年内不会有太大的变化。然而，即使在组织里过了"30年"，在某地过了"60年"，一些重要的教训也会被遗忘。这不仅是因为人在各环境中的记忆发生了衰退，人员的更迭也会引起记忆衰退。

进一步说，即使是已经变成文字的文化，在"300年"左右也会消失，甚至还会被当作是"没发生过的事"。富士山的火山喷发事件就是如此,最后一次喷发是在1707年,距今已300多年。实际上它一旦发生喷发,其影响会波及整个日本社会,但日本政府和民众对此相应的措施却不那么严密。

如果有相应的准备,情况还相对好些。最危险的是完全没有准备的情况。一旦灾难发生,如果我们无法采取有效措施,损失就会不断加剧。东日本大地震发生后,我们也做了相应的准备,但就像前文所述,由于我们完全忘记了1200年前的贞观地震,所以并没有为同样规模的大灾害做好充分准备,这导致损失更加严重。

下一页的图2有关世代交替和记忆,随着时间缓慢下降的线被称为"忘记曲线"。当前的讨论并非凭空捏造,而是基于这里展示的计算。假设每30年发生一次世代更替,每次世代经历1/2的记忆衰退,那么富士山喷发的记忆在300年间经历了10代,变为1/2的10次方,记忆将减少到大约1/1000。1200年前的贞观地震的记忆经过40代后,会变成1/2的40次方,记忆将减少到约$1/10^{12}$(一兆分之一),所以它变得"没发生过"是理所当然的。要保留这样重要的记忆,需要付出相当大的努力和创新。

另一方面，遗忘当然也有好处，那就是能够积极地面对生活。在时间的流逝中，那些导致人们倒退的、不必要的记忆也会消失。这毫无疑问是好事。如果所有过去的事情，包括痛苦经历在内都被记住，人的行为就会受到制约，无法做出行动。因为记忆的衰退具有防止这种现象发生的作用，所以遗忘并不是绝对的坏事。

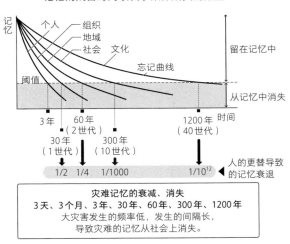

图2　人类集体记忆和保持时间的关系

虽然存在个体差异,但一般来说,老年人不喜欢传统文化的改变,与之相反,年轻人则更愿意改变束缚他们的文化。对于这一点,每个人的感受都不一样,本来就不能说哪个好哪个坏。基本上,所有的事情都只能作为人类活动中发生的普通事情来接受。

如果要反抗的话,我认为还是要善用失败学的观念。一方面,要迅速舍弃那些阻碍我们行动的事物,另一方面,要珍惜并继承那些可以帮助我们避免大失败的智慧。尽管无法做出千篇一律的刻板判断,只要有意识地去做后者,就能培养出一种强大的抗击失败的文化。

为了活跃大脑,我至今仍在这样做

记忆的衰退最让人头疼的是,它会变成"没发生过的事情"。因为忘记不愉快的记忆比较好,所以当事人本身对此完全不在意。但是,因为周围的人都记得很清楚,所以如果这个人当作没有发生过的话,就会在沟通中产生分歧,造成困扰。

比如我的情况,最近我发现自己越来越不记得对周围的人曾经说过的话。试着详细询问具体内容后，我发现确实是自己说的，于是恍然大悟："原来我真是这么说的。"因为这是工作上有交情的人指出的，所以忘记的很多都是关于对事物的看法和思考方式，即使忘记了也不会成为大问题。我有自信，因为我是在反复讨论的基础上得出来的结论，这种刻在骨子里的思考方式不会动摇，始终如一。

但是，一想到无意识中完全忘记的事情与对方的利害相关，就会感到毛骨悚然。这如果是和别人的约定，我肯定会被指责"约定好了却不遵守"。即使是日常生活中无聊的对话，老年人一旦这么做的话，也可能会被周围的人说"自己不愿意做的事就都忘记了""可能真的痴呆了"。这样想来，记忆认为"没发生过"应该限定在不会给周围人带来大麻烦的事情上。

我并没有刻意对抗记忆的衰退，但有个习惯我一直在做，那就是一定会在文件的右上角写上日期。在意识到自己变老之后，我发现这对对抗记忆衰退大有帮助。这个方法是一位前辈教授教给我的。

那还是在东京大学工学部的教授大会上，按照惯例，当年退休的教授要做最后的致辞。于是有人告诉我:"一定要在文件的右上方填上日期。"同时还说:"虽然这只是个小细节,但总有一天它会变得很可靠。"当时我还年轻,没有意识到这句话的重要性。

尽管如此,但这么做似乎还是很适合我的,于是我坦率地接受并一直如此实践着。当我上了年纪,自己也站在了同样的立场上时,才渐渐理解了这句话的重要性。大脑的记忆似乎是按照时间顺序排列的,只要有日期,就可以追溯时间之线。思考某件事的时候,以现在的时间为基准,"这些是几几年前的""那些是几几年前的",这样,就能把握与这件事相关的整体时间序列,这对我有很大的帮助。

我试着思考了一下为什么在文件上加上日期就会有效。基于我自己的思考方式,我认为这与在脑海中形成记忆的过程有关。

一开始,大脑什么都没有,处于纯净的状态。我们做了什么动作,得到了什么结果,这些都会作为记忆的种子被保管起来。行动和结果可能会被单独保管,还有一些零散的记忆,它们与其关系不太明确,不仅不好保管，调出也很麻烦。容易保管的记忆是有明确关系性的，用我自己的话来说就是"有脚本的种子"。因为这些是通过脚本联系起来的，搜索起来也比较轻松，必要的时候可以顺藤摸瓜地总结出来。

文件的日期之所以能有效地勾起记忆，就是因为它与这样的脚本联系在一起。日期与某物相关联，成为该物的特征之一，就会成为引出该物或与之相关的其他事物的契机。这种情况下，日期可以说是引出记忆的触发要素。

然而，记忆有时会不知不觉发生替换。我们抓住的思路并不一定是正确的，这一点是令人困扰的。近年来，我认为正确的思路，被办公室的工作人员或研究会的伙伴们纠正"其实际并非如此"的情况变多了。发生不同的情况是因为，那样记忆对自己来说更方便或更令人满意，有时候，也可能是因为那样更容易解释，但无论如何，这似乎是在无意识中发生的，因此相当麻烦。

即便如此，我认为能够迅速被这种修正记忆的环境对我来说，仍然是非常幸运的。如果没有这种纠正，我可能会生活在自己构建的世界中，往坏了说也就是无法与外人共通理解并共享幻想，一个人孤独地徘徊。大脑在承受了一定程度的负担后，会出现意识暂时混乱的现象，即所谓的"意识紊乱"，这是一种与认知症类似的症状，恐怕还可能遭受像老年顽固派的人一样的待遇。如果可能的话，这种情况应尽量避免。

如果能通过周围人的指正发现记忆的替换，并及时进行修正，人就可以与周围人达成共识，让自己的思路更加清晰明确。这种修正有时可能会受到自尊心的挑战，但只要保持谦虚，积极去面对，这对自己会更有利。我也是这样认为的，因此我会尽量谦虚地接受周围的指正。

无法回忆时的对策

除了日期以外，还有很多触发记忆的要素。我每天都在无意识中利用那些可能会触发的要素来对抗记忆的衰退。当无法回忆出一个人或物的名称时，我并不是每次都能通过周围人的帮助回忆起来。在这种情况下，我会像前面提到的那样，一边在脑海中列举其属性，一边说出相关内容，然后努力凭借自身的记忆找到自己想要的那个词语。

我经常使用的方法是，以语感为触发要素来做引导。在脑海中过一遍五十音图，像这样按顺序列举，一边摸索，一边强制回忆。一旦想到有关联的地方，脑子里就仿佛有个铃铛，会微微震动来告诉我。这种时候我就会马上记下来，然后继续努力回忆。

这种方法的缺点在于非常耗时。因为按照五十音图顺序逐一处理非常困难，所以我把它们按前5行和后5行分成了2组，然后我开始用"感觉是这一组"来标记它们。即便如此，想不起来的时候也很难顺利进行。因为很多时候这些词语都能从语感的"网眼"中轻松地溜走，但我还是会努力想办法去回忆，并将以这种笨拙的方式继续做下去。

记得有一次，我怎么都说不出曾发生了世界上最大的海啸的地方——"利图亚湾"的名字，这让我非常困扰。当时我花了3天时间，努力靠自己的力量去回忆。即便如此，有时我还是无法顺利地想出来，当我把自己辛酸的心路历程告诉家人时，他们惊讶地说："这种事只要用手机或电脑去搜索就能马上找出来了。"

确实，如果在智能手机或电脑的搜索功能中输入"世界最大的海啸"这一搜索关键词，立刻就会出现发生海啸的"利图亚湾"这一地点的名字。但是，我认为重要的是不能依赖这些东西，要靠自己的力量去解决问题，所以我虽然强烈地认同确实可以依靠手机搜索，但还是有一半的时间会听之任之。

以前，我曾在某本书中写道："使用导航系统会让人变傻。"导航系统不仅能在第一次前往陌生地方时，提示前往目的地的方法和路线，还能在交通堵塞或禁止通行的情况下，立即提示其他路线，非常方便。有人如果听到我说不要使用如此优秀的产品的话，一定会觉得"畑村又在说什么奇怪的话"了吧。

但我说这句话的本意并不是否定导航系统的价值，而是一种警告。人如果过度依赖便利的东西，就会逐渐丧失独立思考的能力。为了表达这一点，我特意用了这样严厉的说法。

在导航系统出现之前，人要想去一个地方，要自己看着地图思考，然后自己决定路线。对于状况的把握、多条路线的选择与决定、发生交通堵塞或禁止通行等问题时的应对等，一般都是自己来做。但是，一旦人开始依赖导航系统，就完全不会进行这种需要动脑的程序了。所以我才会严厉地说出"你会变成笨蛋"这句话，来引起大家的注意。

这就跟当人有想不起来的事物时，就会依赖便利的智能手机和电脑的搜索功能是一样的。我并不是全面否定使用本身。我自己不会使用，但是利用搜索功能去查询新接触的不了解的单词，或者了解单词更详细的意思时非常方便。然而，用在回忆已经知道的词语上，这两者就有点不一样了。特别是像我这样的人，随着年龄的增长，记忆也会逐渐衰退，所以不要一味地依赖方便的东西，重要的是，要用自己的方式做抵抗衰老的行动，不是吗？

记忆的衰退是否会因此而变慢，其实人们还不太清楚。发生在我身上的记忆正在不断衰退，所以也有可能这是无谓的抵抗。

顺便说一下，有时候我拼命想记起一个一直想不起来的词。奋斗了大约两天后，有时候在我做其他事情时，它突然蹦出来了；有时候晚上睡觉时我想起了那个词，一瞬间我会立刻醒过来。也许即使在做其他工作或睡觉时，我的大脑仍在不知不觉中继续运作和思考。由于经历过几次类似的情况，我坚信认真地努力是绝不会白费的。

我听说过日本著名的细菌学家野口英世在枕边放着记事本睡觉的故事。他可能也知道，大脑即使在睡觉时仍能持续运作，能够得到各种灵感，因此他是想确保能够随时立即记录下来，才这样做。我没有完全效仿他的做法，但我养成了在枕边放置手账的习惯，除了记录笔记外，还用于自身的各种需求。这样的做法看起来是有益的，我打算将来继续保持这种习惯。

突然想起60年前的事

触发记忆的要素还有很多。如果所回忆的对象是一个人的话，我们可以通过联想到他的外貌、说话方式、个人风格等属性，来联想到他的名字。如果所回忆的对象是事物，在想象其大小、形状、质感等的过程中，有时其名字就会出现。

我亲身体验过的有趣的事情是关于地形和景色的记忆。记得那是我在长野县的一个小镇参观一座曾是制丝厂的建筑,那个建筑物的入口在一个坡道的中间,是一个用河滩上鹅卵石砌成的石垣堆积而成的门洞。看到那个场景的时候,我很久以前的记忆苏醒了:"我曾经来过这里。"

突然苏醒的记忆,已是超过60年前的事情。那是父亲带着我去他的大学同学家拜访时发生的事情,他们家是做针织品的。那个记忆是被眼前的石垣触发,突然涌现了出来。

事实上,我无法确认我参观的地方是否就是60年前我父亲曾经带我到访过的建筑物。因为那是很久以前的事情,我无法核实。然而,那天晚上,当我躺在床上时,我脑中突然想起了我父亲的朋友姓"水野"。过去的记忆如藤蔓一般依次被唤醒,这真是一次非常神奇的经历。

最近也有这样的事情,发生在我和研究会的朋友一起去群马县的某个滑雪场。虽然现在我已不滑雪了,但是和朋友们一起出游还是很开心的,一有机会我还会出远门。在旅行途中,我要去商店买东西,当车在松树林里行驶的时候，我一边看着周围的景色，一边想"我以前来过这里"。

当我把这件事告诉跟我一同出行的人时，他们一开始是半信半疑的态度。我也不确定，但就这样开着开着，不确定就渐渐变成了确信。不远处，路边出现了"种苗管理中心嬬恋⊖农场"入口的广告牌。这个农场经过几次改名，终于变成了现在的名字，但在我心中，这个名字与我曾经去过的"马铃薯原种农场"有着直接的联系。

之后，曾经的记忆就顺藤摸瓜地逐渐苏醒。当时我还是中学生，父亲是大学教授兼农林水产省研究员，他提议一起去泡温泉。在前往目的地的路上，一个认识他的人突然在电车里对父亲说："没想到能在这种地方见到你。"在谈话的过程中，父亲突然被邀请去做演讲，于是我们就去了那个人工作的农场。我们从上田站乘坐电车到真田站（该线路现已废弃），再从车站乘坐类似拖拉机的车去那个农场参观。

同行的朋友好像觉得发生了什么有趣的事情，特意

⊖ 地名。——编者注

倒回到广告牌的位置，并开往旁边的农场方向。我终于看到展现在面前的场景，虽然整体景象和当时有所不同，但毫无疑问，这正是我60多年前和父亲一起去过的地方。这里一般人本来就不喜欢去，所以偶尔会有在外面工作的人好奇地看向这里。我把曾经来过这里的事情告诉了那个人，他虽然对这突如其来的事情感到惊讶，但还是说"既然来都来了"，便邀请我参观。之后，另一个人也闻讯到来，详细地为我们介绍了这个农场。

　　偶然看到的景色成了记忆触发点，让我想起了60多年前的事情，从而获得了一次意想不到的宝贵体验。话虽如此，由于人无法控制这种地形和景色的触发点，所以很难在想要回忆特定事物时利用它们。

　　除了视觉之外，声音和气味等其他感官也可能成为触发点。电视上以怀旧为主题的音乐节目很受欢迎，并且定期播放。当人们听到某些音乐时，会在脑海中唤起个人记忆，所以许多人会因此乐于收看。这正是音乐成为触发记忆的证明。

发生在我身上的思维问题

随着年龄增长，我自身发生的一些问题，其中包括思维方式。从问题的性质来看，虽然这也与记忆相通，但我会进行不同的处理。

最近特别引起我关注的思维问题是"误解"和"臆想"。我注意到我变得更加健忘，会花费更多时间去寻找物品。我觉得这些问题似乎不仅仅与记忆有关，还与我的思维出现问题有关。

我认为主要原因是大脑发生了"退缩"。退缩的原意似乎是"因恐惧而后退"。然而，我感觉大脑中负责记忆的部分在萎缩，因此我故意选择使用一个能生动表达这一点的词来描述。随着年龄增长，我感觉我的注意力范围在大脑中变得分离、缩小。简而言之，我认为是大脑功能明显衰退、注意力和认知能力较以前显著下降。

以前，当有多个灵感时，我能够兴趣盎然地思考并注意到它们之间的关联性。但现在，别说去意识到它们了，我反而经常处于漠不关心的状态，甚至会听之任之。因此，我的注意力范围越来越小，甚至能感觉到灵感之间的关联正在断裂,并各自分离。所以,我选择使用"退缩"一词来表达这种感觉。

我用了一种比较复杂的方式进行表达,因此大家可能不太清楚我在说什么。然而,创造词语的新注释是一种愉快的过程,我偶尔也会创造。在第1章中,我讨论了"客观视角"和"主观视角",创造词语可以看作是从"主观视角"来看待事物的行为。通过这种方式来看待世界,也许我能更准确地描述"衰老"的现实情况。

无法同时处理多个事项

过去,我一天可以在脑海中记住大约20个事项,如工作、谈话、会议、研讨等。同时,我能够据此制定日程表并逐个深入研究每件事项。我曾经能够多线处理许多事情,就像天生就能够做到一样。

然而,最近我无法再做到这一点了。因此,现在我采取单线处理的方式,一次处理一件事情,结束后再进行下一个。如果强迫自己多线处理,大脑会因跟不上节奏而导致错误频发。看来目前单线程的处理方法更适合我的状态。

曾经,那些头脑灵活的人会被称为"人形电脑"。电脑擅长同时处理许多任务,因此这个词用来形容人的这种特质。一个人能够进行多线处理的话,其思维的广度会加深,能够在关注多个事物的同时快速选择最优方案。这种能力听起来确实令人羡慕。

说起最近还活跃在多线处理领域的高手,我马上想到的是将棋手藤井聪太先生。据说棋手会一边在脑中考虑一步棋之后各种各样的可能性,一边决定下一步棋的走向,藤井先生正是因为擅长这种多线处理的能力,才能够表现出如此强大的实力。多线处理并不是同时处理所有的事情,而是一边巧妙地进行取舍选择,一边迅速推导出当时的最优解。正因为他能够做到这一点,所以我认为他是多线处理的高手。

随着年龄的增长,多线处理的能力会显著降低。以我为例,上了年纪之后,我想同时做很多事情,结果经常半途而废、丢三落四。我试着思考了一下这个现实,认为这是因为当前在进行的事项还没有完成,我的意识就转移到其他的事项上,继而忘记原本的事项,而且意识很难再回到原来的事情上。

这种思维的简单化，会产生各种各样的问题。"总是诉说自己的事情""总是夸耀过去的事情""总是重复同样的话"等，这些经常成为老年顽固派的典型表现，可能就是这个原因。一个人要想成为话题的中心，就只能讲述自己的故事。而且，随着年龄的增长，人的思考范围会变得狭窄，没有余力去"倾听他人的讲话"，只能单线处理，想到什么就想马上去说去做。再加上行动已经模式化，几乎没有机会接受新刺激，所以话题也不会增加。结果是变得注意不到周围的氛围，继而不知不觉地重复着曾经的光辉事迹。

在上面的文字中，蕴含着避免变成老年顽固派的提示。一个人如果有意识地做相反的事情，就会减少被视为老年顽固派的机会。最重要的是，不要希望自己成为话题的中心，与人交往时更专注于倾听。此外，为了增加谈话内容，要有意识地创造接受新刺激的机会。

我之前并没有意识到这些，但最近我一直在实践这些方法。在工作等场合与人交往时，我会首先努力用心听取对方的话。尽管我以前经常组织各种研究会、参观事故和生产现场，但这些活动仍然给我带来新的启发。通过这些活动，我认为已经成功地将可能表现出老年顽固派的行为降至最低了。

即便如此，一旦粗心大意，那么问题行为也会很快出现，因此我仍需保持警惕。特别是在家人面前，更有必要多加注意。我觉得这方面与防范失败的措施非常相似，无论准备得多么充分，总有无法避免的时候。

遗忘事物和做事不专心的行为逻辑

随着年龄增长，我发现我越来越容易做事有头无尾、丢三落四。虽然这是这个年龄相应的自然现象，但实际上它造成的困扰非常令人不安。

现在，找东西时我需要花费额外的精力和时间。而当我采用了一种有效的方法找到了我需要的东西时，会有一种成就感和满足感。与这种喜悦的心情相对应的，是当我需要使用某物却找不到它时，那种令人沮丧的心情。这会导致我无法做成我真正想做的事情，显然这并不是一件好事。

回想起来，当我遗忘物品时，似乎总有一个缘由，这通常发生在我做出与平时不同的行为时。由于大多数物品都有固定的存放地点，只要我按照平常的行为模式行动，通常不会出现问题。然而，如果我在完成一系列固定动作之前，因某种原因中断，遗忘的问题就更容易发生。

请看下一页的图3。因为图示更容易理解，我分别绘制了游泳结束回家时把眼镜忘在寄存柜里的事（①）和忘记拔钥匙的事（②）。

首先是忘戴眼镜的情况。通常，我在换好衣服后，会把寄存柜里的东西全部收进包里，确认没有遗忘的东西后再回去。这一连串的操作就是图中的A动作。但是，当我换好衣服后，听到屋外传来了巨大的欢呼声，我的注意力被那声音吸引了。于是，在脑中错误地认为A动作"已经完成"，实际上，A动作还没有完成，我就开始了回家的动作。因此眼镜被忘在了寄存柜里。

忘记拔钥匙的时候是这样的：从包里拿出钥匙，锁门后再放回包里。这是本来应该做的一系列动作，但是，就在我拿着钥匙准备上锁的时候，手机响了。在被它吸

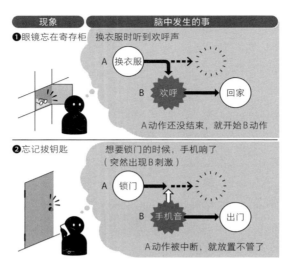

图3 遗忘事物发生的行为逻辑
脑中已进入到下一个步骤

引注意力的过程中,我的脑中还是产生了"A动作已经完成了"的错误认识,于是打完电话后就直接进入了下一步"出门"的动作。

实际上,做事不专心还可以用现在的行为逻辑进行说明。有一次,我的抽屉一直开着,正好在我完成"把东西拿出来(并收起来)再关起来"这一系列动作的过程中,突然想起办公室的工作人员有事叫我。我的意识就转移到了这一点上,在我的脑中,错误地认为与抽屉相关的一系列动作已经完成了,然后我就离开了。但在现实世界里,我的抽屉一直拉开着,处于放置不管的状态。

新手的失败和老手的失败

失败学用各种各样的分类方法来分析失败。"新手的失败"和"老手的失败"就是其中之一。而且,我认为遗忘事物和做事不专心等失败,更接近于经验丰富的人容易犯的错误。

新手的失败,是指由于没有很好地理解流程步骤,不熟悉而不能很好地完成所导致的失败。因为不熟悉,所以新手认为自己是按照所学的步骤来做的,但是遗漏了某处,或者重要的环节没有做好,结果导致失败。想象一下,一个年幼的孩子挑战不熟悉的事情,新员工和临时工为不熟悉的工作而手忙脚乱的样子,就容易理解了。

另一方面,老手的失败是指由于经验丰富的人的偷懒和欺骗而引起的失败。初学者会严格遵守规定的步骤，但一旦熟练了，就会寻找更高效的方法。通过实践，人们就会清楚地了解省略哪些步骤是没关系的，去掉哪些工序也没问题，然后用自己认为的"高效"方法去操作。这就是无视操作指南，按照自己的方法工作的状态。即使这样偷懒，事情一般也会顺利运行，表面上看起来没有任何问题。但是，这样的顺利也许只是偶然，因为这本来就是偷懒和欺骗，所以一旦在某个环节出现一个差错，就会导致明显的失败。

我虽然没有遭受什么大的损失，但曾经发生的丢三落四和有头无尾的事情正是这个原因。在年轻时，我可以顺利进行多线处理的时候，即使中途关注到了其他的事情，也能把最初的行为顺利完成。但是，随着年龄的增长，这种能力逐渐衰退，转移注意力后，马上就会出现遗忘、做事不专心等错误。

要想避免这种问题，最有效的方法就是回想新手期的情景，按照必要的步骤一步一步踏实地完成。即使中途关注点转移到其他事情上，只要保持谦虚和慎重，也能再次恢复注意力，确认之前的事项是否顺利完成，避免无谓的失败。但是，这一连串的事情大多是在无意识中进行的，所以实际处理起来可能会比较困难。

我在某个研究会上讲述了这些故事，其中一位成员表示了认同，也讲述了自己的体验和对此的思考。虽然那个人还没有到老年，但是他表示，过了50岁之后，手里拿着的东西无意间突然掉落的情况变多了。因为掉落的通常是纸巾盒或正要操作的电视遥控器等物品，所以并没有造成很大的损失。但是，因为掉东西的情况确实增加了，他也变得更加小心。

根据那个人的分析，这种情况发生的原因是，尽管握力变弱了，他却在此之前已经养成了单手拿东西的习惯。这正是老手常有的失败。在拿掉下去可能会带来严重后果的东西时，比如装有饮料的玻璃杯或智能手机时，他会回到新手的状态，有意识地用力，或者用双手拿。正因为如此，才避免了可能导致的严重后果。

当我听到这个故事时，我觉得他很巧妙地运用了"海因里希定律"。这是一种工业事故预防理论，被广泛应用于安全管理中。根据这个定律，1个重伤事故的背后可能有29个擦伤程度的轻微事故，以及更多达300的意外事件和惊慌体验（即所谓的"隐患"）。这个1∶29∶300的定律同样适用于失败的发生概率，因此失败学中也广泛应用这个理论。

有人说衰老就像是再次变回孩子一样。能力的衰退就像回到了孩子的状态，所以应当像新手一样慎重地行动。习惯一旦养成，就很难再改变了，特别是当已经非常熟练的老手还像新手一样行动时，会因为自尊心而产生抵触情绪。尽管如此，谦虚的态度可以帮助我们解决很多问题，这是我面对衰老问题时的心得，请记住这一点。

遗忘问题的处理方法

在这一章的结尾，我将介绍一下我寻找物品时的方法。我最近常常会把日常使用的物品放在某处然后忘记，导致花费大量时间去寻找它们。正因如此，我逐渐掌握了寻找物品的技巧，现在已经相当熟练了。其中非常有帮助的一点是，失败学的知识告诉我，与平时不同的行为方式往往容易导致失败。

比如说，我正在找眼镜，我首先考虑的是可能把它放在了哪里。大多数情况下，我几乎不记得放眼镜时在想什么或做什么。如果我记得的话，我可以直接去那里，立刻找到它，但这种情况很少发生。

总体来说，寻找困难通常是由于涉及无意识行为。在意识到眼镜不见之前，我肯定已经做了一些动作，但由于这些动作是无意识的，从记忆中召回它们相当具有挑战性。尽管如此，我会从现在的状态进行倒推，拼命回溯我做过的动作。

通过仔细回溯我的几个行为的路径并实地确认，这样如果找到了我在寻找的物品，那就非常令人欣慰。然而，有时候我仍然没有找到，如果它本来应该在显眼的地方，我却没有找到，那就没有必要进行疯狂的搜索了。

在这种情况下，我会在头脑中考虑几条假设路径并进行分析。即使我并不记得是否真的有这样的行为，我也会回忆起我可能做过的几件事情，并去那些地方寻找。这种推测常常能够成功解决问题。

寻找物品时，"他人的视角"也是非常有效的。如果只有自己的视角，就会反复在相同的路径上搜索。当忘记东西的原因是做了与自己平常的日常习惯不同的行为时，仅仅依赖自己的视角很难成功找到它们。这时候，其他人的视角就显得特别有效了，我们可以让别人推测当事人的行动，甚至还可以把自己设想成那个他人视角，将之前的记忆分离开来，从零开始推测当时的行动，进而一边推测一边寻找。

他人的视角的效果已经通过我女儿的经历得到了确认。她遇到找不到眼镜的问题向我咨询时，我将寻物诀窍推荐给了她："因为你反复推测一种可能性，所以让别人来找可能会更好。"她采纳了这个建议，并成功地用刚才提到的方法解决了问题。她告诉我详细情况时说，她回到家后，把自己假设成了别人，针对她可能去的地方进行思考并搜索。最终，在家里浴室堆积如山的洗衣物中，她成功地找到了被夹在中间的眼镜，并立刻打电话告诉了我。

通常不会考虑到的可能性也会持续被忽略。所以由于偶然的无意识行为，被遗忘的物品是很难被找到的。他人的视角之所以对解决这类问题有效，是因为它能够排除"我不可能做这样的事情"这种先入为主的观念。

第 5 章
从结尾开始思考

预先思考遇到困难时的应对方法

对于可以预料到的问题，如果事先确定好应对方法，那么一旦问题发生，就更容易应对。尤其是衰老这种每个人都必然会经历的事情，与灾害应对措施等有所不同，只要能活得长久，那么未雨绸缪总有一天会派上用场。

话虽如此，预想将来可能发生的事情却格外困难。在十几年前的东日本大地震中，"前所未有""意料之外"等词语频繁出现。地震以及由此引发的海啸的规模，远远超出了当时对灾害应对措施的预期，给各个地区和核电站等各种设施带来了巨大的损失。我担任了当时政府设立的福岛核事故的事故调查验证委员会的委员长，那时我重新感受到应对"预期外"的困难。

要想思考某件事，首先必须确定思考的范围。如果不这样做，思考的外延就会不断扩大，无法聚焦。思考范围的框内是"预期"或"预期内",框外的就是"预期外"。

设定范围后,思考会变得更容易。然而,我们虽然会仔细思考框内的事物,却往往忽视框外的事物。更糟糕的是,在社会或组织中,人们往往认为框外的事情不需要考虑。更有甚者,这些事情会被视为"从一开始就不存在",或者"不该考虑"。

福岛核事故的背景中也有这样的情况。一方面,核电站必须安全运行,因此人们在预期的框内采取了很彻底的应对措施。但另一方面,由于来自社会上的压力,即使稍有一点危险,社会也不允许运用这些对策,因此任何预期外的事情都被视为"不会发生",所以被当作"不能考虑的事情"来对待。

在这种状态下,如果是由预期外的原因引起的问题,那么结果将显而易见。没有考虑过这些问题,也就完全没有做准备,所以无法采取合适的举措。现场自然而然地陷入恐慌状态,造成的损害将达到难以想象的巨大程度。福岛的核电站及其周围实际上也确实发生了这类情况。

或许有人会认为，既然如此，就应该把预期范围扩大一些，但事情并没有那么简单。因为范围一旦扩大，思考范围就会变得难以统一。人类的思考并非完美无缺，无论怎么思考，总会有"未考虑"和"未察觉"的领域。为了应对这些问题，需要采取与以往不同的思考方式，这就是失败学（准确地说是由此产生的危险学）的思考方式。

虽然讲的问题越来越大，但衰老带来的问题并没有那么严重。正如前文提到的使用便利工具解决问题的方法一样，很多问题都已经在社会上进行了探讨，人们也在一定程度上制定了解决方案。在讨论对策时，几乎没有人会一边设想着"预期外"的情况一边行动。因为就算得了意想不到的病或受了伤等，人们也可以运用已有的解决方法来应对。

但是，包括心理问题在内，如果没有相应的准备，我们在关键时刻就无法灵活运用这些措施，这一点需要注意。这也是常见的失败原因。像日本这样现代分工成熟的社会，无论在哪个领域，都会为应对可能出现的问题而准备相应的类似操作手册的东西。例如发生继承问题、需要护理照料的情况等，大多数情况下都可以在顾问的帮助下通过接受现有制度下的服务来解决。但是，并不是说这就可以放心了，一旦发生突发事件，眼前的状况和操作手册上记载的内容有可能无法在人脑中联系起来，预想的应对策略也就无法顺利进行。事先有准备好的操作手册，却没能发挥作用而造成损失的情况，大致都是这样的原因。

失败学中被称为"逆向推理"的思考方法，在处理这类问题时也很有效。简而言之，就是从结果反向思考，进而做准备的方法。把一旦发生就会造成困扰的结果作为起点，进而回溯思考，一边探讨其成因以及产生条件，一边引导出预防措施等相应对策。

顺向推理与逆向推理

在思考失败时，我们一般会按照时间顺序、从原因到结果的因果关系来设想"什么时候会发生什么样的失败"。这被称为"顺向推理思考"。"逆向推理思考"是与之相反的思考过程：在脑海中浮现出具体的失败结果，并从中追溯，探讨诱发失败的原因和预防失败的对策。

从原因到结果的顺向推理视角会让整体流程更加顺畅。但是，这种方法必须将很多可能出现的情况以同等价值进行分析，因此研究工作会变得非常困难。这就是为什么一定会出现没想到的情况，也就是"预期外"的问题。

逆向推理的优点在于，它能够在考虑事情的重要性的同时，发现被忽视的假设，并加以解决。我们通过设想具体情况并逆向推断可能的原因，可以清楚地把握导致失败的根本原因及其是如何产生作用的。通过深入分析这些因素，可以在实际问题发生时将损害最小化。

因此，长期以来我一直提议，企业在考虑安全措施时应采用逆向推理的方法。因为这种方法可以对前面描述的传统海因里希法则加以补充。

那些真正重视安全的企业和地方政府等组织通过认真学习海因里希法则，预防了重大失败。它通过早期发现预警信号并及时解决潜在问题来确保安全。多亏于此，我认为传统类型的工业事故已经大幅减少。

然而，实现零失败是不可能的，时至今日，中到大型规模的失败仍然偶尔会发生。我对此感到非常不可思议，在分析了原因后，我发现问题的情况已经与过去有所不同。传统问题变得罕见，但以前未曾遇到的新问题出现了。许多问题源于物理设备的老化，还包括因人员更替导致的组织退化。

这些都是未曾预见的问题，即我们以前从未经历过的未知问题。简言之，因为这些是预想外的问题，所以人们对于应对预期问题的传统方法有可能无法应对。由未知问题导致的失败，如果没有做好准备，往往会导致重大的实际损失。传统安全措施如果无法覆盖某些领域，那么企业必须采用与之不同的方法来处理，逆向推理就是有效应对的方法之一。

逆向推理的思考方式，在揭示之前的未考虑或未察觉的领域方面非常有效，但对于衰老问题的处理，人一般是首先意识到可能的结果，并确认可靠的解决方案（操作手册）中的步骤，能做到这种程度就足够了。预先想象自己可能遇到的情况，尤其是不希望发生的情况，然后采取措施以将损害降至最小，并预先确认如何应对这些情况。

正如前面所述，很多衰老问题都有相应的应对方法，即使是运用这些方法，也要提前考虑在紧急情况下要如何运用，这样实际发生的时候，可以使应对措施运用得更加顺利。当然，只要是社会上公认的应对对策就足够了，重要的是心理的准备。如果有了心理准备，就有可能改变真正发生意外时的行为。因此，建议在预先准备好解决方案的同时，也要通过逆向推理的思考方式确认应对措施，以备不时之需。

最小努力的原则

对于衰老问题的应对办法，并不是越努力就会有越大的成效。衰老本质上是身体功能的衰退，应对办法的效果也只是"比现在稍微好一点"的程度。因此，投入过多精力的意义并不大，保持"不费太多力气"的心态也是一个重要的原则。以轻松的心态做一些微小的努力，可能对心理健康更有益。

在失败学中，建议在事情发生后采取"最小损害原则"来处理。这是我创造的术语，意思是选择能让受害人受到的损害降到最低的处理方式。处理方式如果失败，会消耗大量能量，导致身心疲惫，这种状态如果持续时间过长，使能量耗尽的话，可能会导致自杀。因此，必须避免这种情况，所以我推荐使用最小损害原则来防止极端情况的发生。

即使如此，仍有必要正确理解其原理。因为这有助于有效地处理失败后的情况。此外，这还可以作为防止下次失败的宝贵经验。

理解失败的原因，关键在于明确这个失败是什么，按照时间轴来思考它是如何一步步表现出来的。通过思考导致失败的情景，来搭建失败的结构。我们如果能够在头脑中清晰地搭建这一点，自然会有解决对策，心里也会感到豁然开朗，更容易接受包括结果在内的一切。

当然，这与对外的应对方法是不同的。失败如果不仅对自己，也对周围人造成了重大的影响，那么处理起来会尤其困难。承认自己的错误可能会遭到强烈的批评，甚至引发问责问题。因此，是否要承认错误以及在失败后对周围表现出什么样的态度，都需要在权衡利弊后谨慎决定。

在社会上，有一种观念认为在这种情况下，诚实应对是美德。这样做诚然更好，但如果因此丧命，那就得不偿失了。为了保护生命，在不违法的范围内采取适度的策略性隐瞒也是可行的。如果道歉对整体有利，即使看起来不公平，也可以低头道歉；如果不利，则可以为之抗辩。总之，需要根据自身的利益进行灵活地判断和行动。这就是最小损害原则的思维方式。

这种思维方式也可以用于应对衰老的问题。对衰老而言我们面对的不是失败后的损害，而是处理问题所消耗的精力，因此可以把前文所述的原则改为"最小努力原则"来描述。随着年龄的增长，人的精力本身就已经减少，再为处理问题耗费过多精力是不现实的。此时，可以采取一些策略，比如发挥老年顽固派的能力，灵活运用其技巧，说得极端一点，可以一边偷懒或隐瞒一边行动来应对问题，这可能是更为实际的做法。

这种情况不仅仅涉及自己，还包括照顾自己的人。衰老问题很少仅仅依靠个人努力就能解决，往往需要家庭等周围人的参与。能够无话不谈、相互扶持的夫妻或子女是最好的支援者，但他们同样面临衰老的问题，而且子女也有自己的家庭需要照顾。一个人负担过重可能导致照顾家庭疲惫感，因此在应对时，允许适度的偷懒和欺瞒是很现实的。

当然，即使在这种情况下，也需要认真把握问题的情景和因果关系。这些是正确处理问题的基础。如果能够准确地了解现状和问题，就能看出在哪里可以进行偷懒和欺瞒的调整。这些都是使用"最小努力原则"时不可或缺的。

解决所有衰老的问题在现实中是不可能的，因此必须在一定程度上接受它们。将有限的精力用于解决问题时，设定优先级并逐项处理，是很现实的做法。如果能够以最小的努力优先解决严重的问题，那么用于解决其他问题和提升生活舒适度的精力也会相应增加。

由幼儿园儿童被遗忘在车内的事故谈起

大多数衰老问题，我在上文已提到许多常见的应对方法。它们并不一定是唯一的，有些问题可能有多个答案。从中进行取舍时，最好以"当事人的视角"来寻找适合自己的方法。否则,可能会选择那些无法真正解决问题的方法,进而导致事倍功半。

"当事人的视角"在考虑目前尚未确定的解决方案时也同样重要。这听起来可能像是常识,但实际上,这种视角在社会活动中往往被忽视。2022年校车遗忘儿童的事故以及随后实施的应对措施,让我深刻地感受到了这一点。

为了避免惨剧重演,在听取专家意见的基础上,制定了若干对策,因此可以期待其有一定的成效。然而,由于当事人的视角被严重忽视,类似的问题可能再次发生。

这里提到的幼儿被遗忘在车内的事故发生在2022年9月,地点是静冈县,遇害者是一名3岁的女孩。那天早上,她像往常一样乘坐幼儿园的专用校车上学,但在到达幼儿园后,她却被遗留在了车内,且无法自行离开,实际上她就是被锁在了车内。

这个女孩是在上午8点50分左右到达幼儿园并被锁在车内,而被发现时已经是下午2点左右,这意味着她在车内被遗忘了大约5个小时。当天该地区的最高气温达到了30.5℃，密闭的车内温度会急剧上升。人们发现她时，她的体温已经上升到大约40℃，估计她在被遗忘在车内约3个小时左右的中午时分就已经死亡了。

这名女孩入园时间不长，对乘坐校车上学还不太习惯。车内共6排座位，起初她坐在从前往后数的第5排，但被发现时，她倒在了第3排座位的脚下。车内还发现了1个空水壶，而在出入口附近发现了她脱下的衣服，这表明她在极端的环境下试图自救。然而，她最终未能成功逃脱，遗憾地去世了。

这一事故显然是由人为失误引起的。当日负责接送的是一位临时代班的司机，而那天负责的园长也缺乏经验。此外，这位园长当天有去医院的安排，未能进行应有的人数核对工作（即确认上车和下车的幼儿人数）。最后，她连应做的车内巡视检查也疏忽了。

即便如此，如果该女孩未在园内出现，负责的老师们也应发现。幼儿园方面的工作程序有此规定，在这种情况下，要确认是否接到了家长请假的通知。然而，那个时候园方没有确认该项工作。甚至，对于应该去幼儿园的孩子却不在园内的情况下的应对对策，即向监护人联络的确认工作也没有进行。

通常情况下，安全措施会设置多重防护机制，即使发生某个失误，也可以通过备用机制来防止问题进一步恶化。但在这个案例中，所有本应起作用的安全措施都失效了。这种由多重防护机制组成的安全措施常被比喻为"瑞士奶酪模型"，因为它就像一片片带有大大小小孔洞的奶酪排列在一起。有时这些孔洞会意外对齐，导致重大失误，也就是严重问题的发生，而这次事故就是典型的例子。

在这次事故之后，为了避免惨剧重演，日本从国家层面制定了应对措施，车内需强制安装能够在发生儿童被遗忘事件时发出警报的安全装置。安全装置的种类多种多样，比如某种装置是安装在车内后方的，当发动机熄火时，装置会发出蜂鸣声，司机必须走到车后方才可关闭蜂鸣器，在这个过程中可以确认是否有孩子被遗忘。同时，日本还制定了有关安全装置规格的指导方针。

这些对策的制定可能会减少悲剧的发生。然而，无论采取多少措施，失误往往会以难以预料的方式发生，完全消除这种风险是不可能的。为了避免幼小的孩子不必要的死亡，我们不仅需要从当事人的视角考虑有效的对策，还必须实现"失败安全"机制。

"失败安全"是一种设计思想，它以失败发生为前提，通过在失败发生时采取补救措施，从而避免导致人员死亡等重大后果。例如，铁路道口的遮断机就是一个常见的例子。遮断杆在抬起的状态下需要电力供应，即使电源中断，遮断杆也会自动下降，以防止有人误入道口。为了避免因遗忘而导致人员死亡，将这种功能引入汽车设计中也是有效的。

例如，如果车辆检测到驾驶座以外有其他人存在时，必须进行特殊操作才能切断发动机；或者，车内温度不能超过一定值等机制，这都可以大大减少幼儿被遗忘在车内而导致死亡的事故发生。当然，这种做法可能会引发其他问题，因此需要考虑各种可能性并进行实验。

在制定这种对策时，必须考虑到受害者的视角。没有这一点，所制定的对策可能效果有限。我在进行事故调查时，总是会亲自访问现场，查看现场实物并直接与现场人员交谈。这被称为"三现"，这是正确观察对象和事件所必需的。

在此基础上，如果可能的话，我还会进行重现实验。我会将事故的进展情况、当时发生了什么样的事情，以及它又是按照什么样的顺序发生的，等等，作为假设剧本来思考，并通过重现实验来验证这一假设。在重现实验中，我使用各种测量仪器来定量掌握事故发生时的情况。做这一切的目的都是为了准确了解所发生的事情，从而制定有效的对策。

类似于之前提到的遗忘事故，实际上经常发生的典型情况是，乘坐观光巴士或校车的孩子在行驶过程中睡着，司机或带队老师因懈怠于检查车内，导致孩子被遗忘。当被遗忘的孩子是小学生或中学生时，他们可能会自己开锁，如果做不到的话也会按喇叭来告知周围，或者通过手动开窗来逃生。但对于年幼的孩子来说，他们因体力不足无法自救，进而有招致悲惨结局的危险。

这一点，如果代入当事人的视角思考的话，很容易就能明白了。更进一步说，通过换位思考，我们可以很容易地想象到，老人等没有自救能力的人也可能会受到伤害。

我意识到这一点是因为在静冈的事故发生前不久，

我亲身经历了被遗忘在车中的情况。虽然那是一项自愿进行的实验。在与研究会的朋友们旅行时，我在一个旅游景点因为疲惫而决定在车内独自待一会儿。这是难得的机会，在睡了一觉之后，我以被遗忘当事人的视角尝试详细观察当时的状况。

我不太清楚那辆车的门要如何从内打开，我认为自己一个人可能无法打开。如果是完全不了解车辆的幼儿，情况会更糟。车停在旅游景点的停车场，虽然会有人路过，但大多数人都是直接走向他们自己的车，根本不会注意到在车内的我。如果车停在偏僻的地方，即使在车内大喊或敲窗发出求救信号，也几乎不可能会有人来救援吧。

我能安全无事，是因为这次事故发生的时期是春季。如果是在炎热的夏季或临近夏季的高温天气，车内温度迅速上升，会很快危及生命。我通过亲身体验了解到，被遗忘在车中导致死亡的事故不仅仅会危及幼儿，像我这样的老年人也有可能成为受害者。

显然，对于老年人来说，国家为防止幼儿死亡事故而制定的对策未必完全适用。因为不同的人可能会出现与幼儿发生事故时预想不同的问题。因此，除了上述措施之外，还需要从当事人的视角出发，采取其他对策。

熟人的家人麻烦邻居的故事

自己无法应对的事情，最好不要去做。如果真的不得不做，我们需要在一个能够得到他人协助的环境下行动。作为准备工作，我认为努力获得周围人的帮助是非常重要的。

虽然情况有所不同，但我熟人的例子很有参考价值。实际上，这是他们家族采取的措施。事先为最坏情况做好准备的做法，是应急对策的一个典范。

这位熟人几年前去世了，比我小7岁，听说晚年时他的认知症症状相当严重。我家距离他们家直线距离只有700米，但因为我们已经有很长一段时间没有直接联系了，我是通过新闻报道和人们口口相传才得知他的病情和去世的消息的。他和我都是一家附近理发店的常客，直到他去世后，我才头回听说他有认知症及其家人向邻里请求帮助的事情。我向妻子对此进行求证后发现，这在邻里间是众所周知的事情。

他晚年经常一个人打扫家里的卫生，但可能是有走神的习惯，有时会把清洁工具忘在原地，然后外出。因此，他的妻子请求邻里在看到他外出时提醒他"你的妻子很担心你，所以最好回家哟"。这样，邻里的居民都知道他的认知症状况，并按照他妻子的请求与他相处，因此没有发生大的问题。

对方妻子以走失时可能会发生大问题为前提，提前采取应对措施的行为，我认为是"逆向推理"对策的应用典范。比起面子工程，她更担心的是他的安危以及可能给周围带来的大麻烦吧。走失的问题不是仅仅依靠家人就能够解决的。这种情况下，她选择了借助邻里的帮助，并且考虑到了他被提醒时的心理状态，这一点非常出色。

他出走时，如果被人告知"一个人走很危险哟"，他可能会觉得这是对他自身能力的侮辱，可能会觉得"真是多管闲事"或者"你没有资格说这种话"，因而产生反感。在这一点上，我觉得"你的妻子很担心你，所以最好回家哟"这样的说法则更为妥当。这样的表述也更容易被接受,如果我听到这样的提醒,可能脑中会想到妻子担忧的样子,然后决定"回家看看她吧"。

随着日本进入高龄社会,认知症患者越来越多。社会在护理领域积累了丰富的经验,对认知症患者的处理也有了显著进步。虽然我没有确认这个案例是否遵循了专家的建议,但这种基于逆向推理、考虑到双方反应的沟通方式,我觉得确实体现了对丈夫和邻里的双重关怀。

处理意外的默认知识

我也有过受到周围人帮助的经历。虽然是由自己的失误引起的麻烦,但我最终成功地进行了挽回。

这是在之前参加的一次在银座亚斯特餐厅里举办的班级聚会上发生的事情。我到达店里后询问预约时,被告知"今天似乎没有相关信息的预约",这让我非常困扰。当然这是我的误解造成的。明明指定的聚会地点是新宿的店,但由于"银座亚斯特"这个名字,我在脑海中不自觉地将其转换为"去银座的店就行了"。总之,我自信满满地去了一个与指定地点不同的地方。

当时店员的应对非常出色。虽然在那时我的失误还没有完全显现出来，但他们说着"请稍等一下"，并立即体贴地打了电话去新宿的店确认情况。然后得知，新宿的店已有30人左右的团体到达，且正在举行类似的聚会。同时，他们还请了那个团体的代表来接电话让我直接沟通确认，问题最终很快得到了解决。

虽然我不得不重新从银座出发至新宿，理所当然地迟到了，但总共迟到的时间只有30分钟，基本没有造成实质性损失。此时，听到我因此迟到的人可能会兴奋地说"失败学的畑村居然也会犯这么低级的错误"，这反而可能带来更多的正面效应，不是吗？

话说回来，由于对方店员的应对实在太出色了，我试着询问了他们是如何得知我把地点搞错的，得到的回答是："因为偶尔会有客人搞错地点，所以我猜测您可能也是这样。"这说明了犯错也有规律可循。询问完后，我觉得这名店员可能已经有了一套独特的处理手册，或者虽然没有形成手册，但店内已经形成了一种"默认知识"，知道在这种情况下如何做，解决问题的可能性才最大。

默认知识虽然没有体现在纸面上，但在个人或团体内部被视为"理所当然的知识"。这种知识在很多领域、很多职业中都相应存在。之所以没有用文字表达，我觉得是因为人们在从事相关活动时，它被自然地吸收内化，成为常识。这些知识由于被认为没必要特别处理或者没有价值，往往被忽视。

许多默认知识中比当事人认为的那些重要的知识还重要。事实上，因默认知识无法有效传达而导致出现严重问题的情况也偶尔发生。默认知识的状态非常不稳定，尽管它很重要，但由于人员更替等原因很难延续。因此，我一直建议将重要的默认知识用明确的语言或文字表达出来，变成可延续使用的"显性知识"。

这个案例中的默认知识虽然不会引发重大问题，但我认为它却具有提供更好的服务的价值。失败往往有其规律性，无论是个人还是组织，成体系的默认知识能针对常犯的失败，让人获得如何应对的最好方法和经验。如我所经历的，店铺虽然不太可能在操作手册中规定客户找错位置时的处理方式，但对于偶尔的差错，也存在共通的解决方法，这些方法在现场实践中逐渐成为一种潜移默化的智慧，是很了不起的。我想，我们如果能对此更好地利用，将会更有益。

日本已经成了一个高度老龄化的社会，老年人在社会中占据了重要位置，因此与衰老相关的问题随处可见。就像我，犯类似这种错误的情况将来会越来越多吧。如果很多地方都有类似的潜移默化的智慧，那么不活用这些智慧，就太可惜了。

在这种情形下，将默认知识转化为显性知识，可以成为提升企业价值的一种方法。我们如果能将各个地方的默认知识转化为显性知识，并将其作为社会共享的财富来加以利用，那么对于老年人来说，社会将变得更舒适、更美好。

重要的是犯错后如何行动

是人都会犯错，关键在于事后如何应对。能成功纠正的话，那么最初的错误就基本可以弥补。随着年龄的增长，正因为我犯低级错误犯得更加频繁，才愈发感受到弥补的重要性。

我搞错了聚会地点时，是店里工作人员的机智帮助了我。我虽然迟到了，但因为迅速赶到了正确的地点，避免了最糟糕的因失误导致缺席的情况发生。实际上，最近我的一位熟人在一次庆祝派对上也犯了类似的错误。

在我获得了瑞宝中授章（日本国家类勋章，获奖者多为因长年从事政府公务，并取得成绩的人员）后，我的大学后辈和学生们为我举办了庆祝派对。一位学弟教授负责了从参与者的选择到后期安排的一切工作。这次派对包括远程参与的十几个人在内，共有一百多人参加，场面非常盛大。

然而，当派对要开始时，场地上预备的座位还有两个依然空着。其中一个是正在住院的熟人的座位，这位熟人为了这天专门出院，但似乎在驱车前往过程中耽搁了，稍微迟到了。另一个座位也是位熟人，他则是因为一个粗心的失误而未能准时到场。

他的失误是乘错了公交车。他所在的公交站离会场很近，却上了开往相反方向的公交车。后来，他在观察周围的风景时感到不对劲，立即向周围的人确认，才意识到了错误，于是下了车。这个迅速的决定使他避免了严重的失误。最终，他尽管迟到了1小时，还是成功参加了这个派对。多亏这样，派对场地上的座位也都顺利坐满了。

事实上，这个人曾经来过举办派对的场地。虽然再次前往去过的地方看似很简单，但也有人会发生这样的错误。所以说，衰老确实是一个难以应对的挑战。

即使如此，能够迅速意识到错误并采取行动，这真是万幸。这主要归功于他对周边陌生风景的敏感和对时间流逝带来的异样感。通过对比过去的经验，及时察觉到"这风景我没见过"或"我没乘过这么长时间的车"，并根据这种感觉发现错误，从而迅速做出反应，采取下一步行动。

常见的错误模式是，一个人感觉有些不对劲时，却认为之后处理会比较麻烦而放任不管，这会导致问题像陷入泥沼一样越来越严重。失败后的应对方式至关重要，意识到错误后采取什么样的行动会显著影响后果。"3个小时的派对，尽管迟到了1个小时，但最终还能享受2小时",这样的结果可以说是补救得相当成功。

一个人想追求完美,如果能实现固然是最好的,但每个人都会犯错,也会因此产生一些损失。越是这种时候,我们越要考虑怎样做才能把损失降到最低,并采取行动。从朋友的案例中,我重新学到了这一点。

未雨绸缪的两个作用

前面说过,我最近走路时开始使用拐杖了。仔细想来,这其实也是根据预想的最坏结果,来逆向推演得出的对策。有句成语叫"未雨绸缪",意思是为了避免失败而提前做好准备。我在日常生活中最担心的就是跌倒,而使用拐杖正是为了避免这种最坏的情况发生而做的准备。

随着年龄的增长,人的肌肉力量和身体机能会下降,容易失去平衡。简单来说,就是处于随时可能跌倒的状态。当失去平衡时,身体机能如果良好,人就能够避免摔倒。但遗憾的是,老了以后,人恢复平衡所需的瞬间爆发力和柔韧性都在衰退。最大的难题是,人心中预期的动作和实际发生的动作之间存在差距，我们可能无法按自己所预期的姿势摔倒。

我提到的三次摔倒的经历，每次情况都不同。然而，当寻求身体失去平衡的原因时，无论是身体机能衰退导致的无法稳定站立，还是想象中的动作与实际做出的动作存在差异，其实都是一样的。在这些情况下，如果是以前的我，是不会摔倒的。摔倒的原因显然是身体功能的衰退，因此我现在更加自觉地采取预防措施，尽量避免意外。

有一个我认识的人，在人行横道等红灯时被自行车撞倒，导致腿部骨折。他说医院在治疗骨折的同时，还对他进行了走路的康复训练。对于老年人来说，如果因为治疗骨折而长时间卧床，会导致肌肉迅速萎缩，进而可能逐渐不能活动，甚至长期卧床。为了避免这种情况，治疗过程中保持活动以防止肌肉萎缩非常重要。

我决定使用拐杖也是受到了这个故事的影响。我想着为了不再跌倒，要尽一切可能预防。老实说，使用拐杖走路真的让我很难习惯，由于不了解使用方法，我感到很困扰。它不属于身体的一部分，现在我甚至还担心会不小心把拐杖忘在某个地方，这又给我带来了新的担忧。尽管如此，我仍在努力适应这个新变化。

我把这件事告诉了我的主治医生，医生鼓励我说："这非常重要，请继续坚持下去。"那时医生还告诉我，拐杖不仅仅是走路的辅助工具，它还是一种信号，告知周围人自己可能需要帮助。我完全同意这一点。

实际上，最近我就体验到了这一点。一次拄拐散步时，我靠坐在石墙上休息，一位路过的女士看到我拿着拐杖，主动问我是否需要帮助。她看到我用拐杖，判断我在某些情况下可能需要帮助。她的关心让我很感激，我回答说"只是散步时休息一下，没关系"，并不由自主地说出了"谢谢"。

沟通方式有很多种，语言并不是唯一的方式。像轮椅和拐杖这样的物品，或我们正在使用以及身上携带的物品，都能传达信息，或者让别人接收到信息。能够将这些视为理所当然的事，是一个文化丰富的社会的体现。通过每天使用的拐杖，我的思维也逐渐意识到这种层面。

注销驾照与其他解决办法

无论是面对失败还是应对衰老的问题,都没有单一的正确答案,这是一个重要的点。然而,许多人往往认为只有一个正确答案,得不到这个答案时就会感到不安,继而会不断追寻这个唯一解。这种趋势在各个年龄层的人中都很常见。

这显然受到了学校教育的影响。在学校里,许多问题的答案被认为是唯一的。为了能够迅速得出这个唯一解,人们拼命学习,能够做到这一点的人被评为"优秀"。在这种思维的延续下,很多人也倾向于在面对衰老问题时寻找"唯一的正确答案"。

然而,现实中的许多问题并非如此简单。特别是涉及个人的问题时,情况更加复杂,涉及的人的数量越多,答案就越多。如果不能灵活地应对,就很难找到令人满意的对策。

正如第2章所述,我在家人的劝说下,为了避免致命的失败,决定注销驾驶执照。这不是唯一的解决方案,也存在其他解决办法。比如,如果把致命的失败定义为

"在驾驶中导致他人死亡",那么换成装置有自动刹车(有种刹车装置是当车辆察觉到与其他车辆或行人有发生碰撞的危险时会自动刹车,即减轻碰撞伤害的刹车装置)等安全装置的汽车也是一种解法。在注销驾照之前,我实际上是采取了这种做法。

然而,即使这样,汽车的安全功能也可能在关键时刻不起作用,这样仍然无法完全规避风险。家人的要求是将风险降到零。我也认为这是一个好办法,因此最终同意了注销驾驶执照,选择了放弃自己的驾驶资格。

人只要行动,其过程中是难以避免失败的。如果无法避免失败,那么我们就应当从中学习经验教训,避免重复失败,这就是失败学的观点。人如果什么都不做,也就什么都不会发生,自然也不会有失败,更谈不上学习了。这也是将风险降到零的唯一方法,因此我选择了这条路。

然而,后来我发现,这个选择也有弊端。注销驾驶执照后,我对汽车的兴趣丧失了,这也导致前面提到的我不能从车内打开车门的事件。虽然没有导致他人死亡事故的风险了,但被遗留在车内而导致自己丧命的风险却显著增加了。为了避免一种风险，另一种风险往往会增加，这是一种常见的现象，但人很难在没有实际体验的情况下意识到，因此这也是一次宝贵的学习机会。

另外，我能够做出注销驾驶执照的决定，是因为我住在交通便利的市中心，并且有家人能够代为驾驶。人如果在日常生活中离不开驾驶，可能就不得不选择另一种方式。在这种情况下，就不要简单地寻求所谓的"正确答案"，而应该考虑到居住环境和周围人的关系等各种因素，选择最适合自己的解决办法。

创造适合自己的舒适状态

关于如何应对衰老的问题，我已经提出了很多个人见解。归根结底，无论是应对衰老的问题，还是其他问题，最终还是要以如何让自己生活得更轻松、更舒适为最重要的目标。

在追求这种状态的过程中，我相信对失败规律及应对方法进行广泛探讨的失败学知识会非常有帮助。正如之前提到的，衰老带来的问题和失败有很多相似之处。

我长期观察和研究失败,因此被社会视为"失败学的权威"。我自己也经历过各种失败,但通过事故调查等方式,我接触到了更多的失败案例。通过这些经验,我广泛分析了失败的模式和如何避免重复失败。这些内容在以前可能没有人做过,但也有很多人对此感兴趣并接受了我的观点,这让我感到自豪。

现在,我已经超过80岁。在被称为"人生百年时代"的如今,我仍然感觉自己像个年轻人,谈不上什么"衰老权威"。然而,按照年龄来说,我确实已经过了衰老的初学者阶段,并进入了中级或高级的门槛了。我正经历着与衰老相关的各种实际挑战。

本书结合了我在失败学领域的知识与衰老的个人经验。正如之前所说,每个人应对衰老的方法都不同,因此我并不打算提供一个固定的正确答案。不过,书中也涉及了实际经验,应该可以作为面对衰老时的参考。

结语 EPILOGUE

《格尔尼卡》和任性脑

随着年龄的增长,我发现自己越来越容易受到或好或坏的无意识的影响。我自己也注意到,有时会以全然不同的视角看待事物。我将这种无意识的大脑运转行为称为"任性脑",因为在脑科学中没有这样的定义,所以这个名字也完全是我自己任性创造的。

我开始注意到"任性脑"的迹象是在大约十多年前,也就是我70岁左右的时候。那时因工作的关系我有机会去西班牙,在那段时间我去参观了索菲亚王妃艺术中心,观看了在那里展出的艺术品。那里展示了一幅毕加索的著名抽象画《格尔尼卡》。当我面对这幅画时,一件奇妙的事发生了。

这幅画大约有3.5米高,7.8米宽,画前聚集了很多人。因为它很著名,周围的人都在专注地观赏。我也像他们那样观赏着,但渐渐地,我有一种不同寻常的感觉。看这幅画时,我的大脑开始不受我的意识控制而自行运转。

毕加索以抽象画闻名,但我很久以前曾听说他原本在素描方面非常出色,并以此作为他表达内心世界的基础。这还是我初中时了解到的内容。现在,我面前的这幅毕加索的画看上去非常奇怪,虽然画中有人的脸和眼睛,但我完全无法理解这些面孔的方向或目光去向,我也完全无法了解画中的其他图案到底想表达什么含义。

在这种情况下,我通常会以"真是不明白啊"结束。然而,这次不同了。我的脑袋仿佛在试图接收某种东西,感觉就像是在与眼前的画进行非语言的交流,这是我有生以来第一次有这样的体验,我非常惊讶,内心也感到非常疲惫。

平常我会继续参观其他展品,但那次因为实在太累了，我向陪同的人员说明了情况，提前结束了参观。大家也因此陪着我，最终还是给周围的人带来了麻烦，我至今对此仍感到很抱歉。

还有一件事给我留下了深刻的印象，那就是离开美术馆后喝到的可乐的味道。由于太疲惫了，我在美术馆出口的石阶上坐下来休息。我发现远处有一个卖饮料的小推车，于是买了一瓶当时非常想喝的可乐，喝下后，那瓶可乐成为我记忆中"终生最好喝的可乐"。

后来我了解到，当大脑疲劳时，为尽快恢复，会强烈渴望可以提供能量的葡萄糖。可能正是因为得到了这种能量，我才感到如此满足吧。因为这种思考方式与之前完全不同，我自己没有注意到它，但我的大脑在面对《格尔尼卡》时似乎非常剧烈地运转了。

这一系列的经历以深刻的印象留在了我的记忆中。然而，由于不知该如何解读，我将这些经历放置了一段时间。大约半年后，理解的大门突然对我敞开了，当时我在做其他事情，听到电视（或许是广播）中传出的节目。那个节目在讲解现代音乐，在听到它以抽象画为引进行讲解时，我得到了一个重要的灵感，并在内心产生了巨大的共鸣。

无论是现代音乐还是抽象画，在我看来曾经都完全不可理解，它们是跟我没有缘分的事物，我甚至对它们的存在感到疑惑。但当时我对那个解说产生了兴趣，并不自觉地听了下去。节目中提到的内容是："抽象画与观赏者的关系，与我们见惯了的具象画有很大不同，抽象画表达了画家内心的影像（心像），并为观众的心灵中创造出新的图像提供了契机，现代音乐和抽象画一样，若以这种方式去听便会感到有趣。"听到这些解释时，我觉得过去的各种疑问仿佛都得到了解答。

我从这次经历中获得的启示大致是：当面对《格尔尼卡》时，最初我试图用自己的知识去理解，以自己喜欢的方式解读这幅画。这是我本身形成的自觉思考，因此我将这种大脑的运转称为"自觉脑"。随后出现的是前面提到的"任性脑"，它的运转不受意识控制，我无法理解它是如何处理信息，以及试图得出什么结论，这是一种不自觉的大脑运转过程。显然，大脑的运转模式可以分为这两种类型，但当时我感到不熟悉的"任性脑"突然出现，我感到了困惑。

我从年轻时就喜欢思考，但几乎没有仅凭感觉去做的经历，分析下来，这也是我无法理解现代音乐和抽象画的原因之一。然而，在《格尔尼卡》面前，对画作起了反应的"任性脑"突然运转了起来，我的大脑以与平时不同的形式开始与眼前的画作进行交流。我认为这可能就是"感觉"的体验，但当时我对这种突如其来的体验感到极度混乱，甚至想尽快离开那个地方。

接下来是仅是我的假设，内容可能有些跳跃。我认为随着年龄的增长，"任性脑"的出现机会可能会增加。如果不太明白"任性脑"这个概念，我们可以将其理解为无意识的大脑运转行为，即不被意识所控制的大脑功能。

显而易见，我们无意识的大脑运转是完全不自觉的，因此有时它的表现可能并不符合我们的理性思考。这种基于无意识大脑运转的行为也一样，有时会显得不合理。而且，我们都需要自己承担所有这些行为结果的责任。在某些情况下，我们可能会感觉到被不公正对待并遭受损失。

例如，我发现年纪大了以后，我忘记东西或错过约定时间的情况增多了,这些在以前是难以想象的。这些情况往往受到无意识大脑运作的影响,也许这些行为的根源在于"任性脑"。

当一个人依照"任性脑"来行动时,周围的人可能会觉得他在做一些非常奇怪的事情。因为他的行为与平常完全不同,别人自然会觉得"怪异"或"有些不对劲"。这种情况下,如果当事人是年长者,他们的异常行为可能会立即被别人认为是"有可能痴呆了"。这种看法虽然出于对他人的关心,但当实际原因有可能不同,如果此时当事人仍被如此看待的话,这种处理方式对他来说显然不太公平。

我不是认知症或脑科学的专家,因此对这些问题了解不深。我希望随着研究的推进,未来的研究能够揭示人在做出不同行为时,由认知症和无意识大脑运作带来的脑内运转机制。否则,年长者的微小异常行为可能会被过度解读为认知症。我感觉,或许大约一半的"认知症"实际上是因为别人无法理解的异常行为被误判的结果。

我也接受过认知症检测,结果被诊断为"没有这种倾向",但我发现随着年龄的增长,忘记东西或犯错的情况增多。尽管如此,我周围的人越来越认真地担心我是否"痴呆了"。我推测,这种"被周围的人创造出的认知症患者"有很多,这并非我的随意猜测,而是有相应根据的推测。我本人不希望被如此对待,所以希望相关领域的研究能够采纳像我这样的当事人的感受,并不断进步,以免轻率地把年长者的异常行为判定为认知症。

我虽然还不是很明白"任性脑"与认知症的关系,但亲身体验到无意识大脑运转的存在,是不容置疑的。有推测认为"任性脑"有可能是衰老产生的众多问题的根源,这使人们对"任性脑"产生负面印象。但实际上,我认为它可能并非全是负面的。例如,我在《格尔尼卡》面前的感受是我以前未曾体验过的,这种全新的体验对我而言极具丰富性。这种体验虽然让人感到困惑,但最终使我能理解以前不理解的事物,这无疑对我是有益的。

我认为,"任性脑"这样无意识的大脑运转在年龄增长后更容易出现。虽然存在个人差异,但这也许意味着随着年龄的增长,人们能以更丰富的方式看待和思考问题。考虑到这一点,"任性脑"可能不止有负面影响,还可能使人生变得更丰富积极。

这些优点和缺点可能与个人的生活方式和态度密切相关。根据我的推测，那些不满足于封闭在自己构建的世界中，而乐于接触新刺激的人，可能更容易享受到"任性脑"积极的那一面。我对此充满期待。

实际上，在我整理完在《格尔尼卡》画前的体验之后，我曾经去参观过一位抽象画画家的个人展览。这位画家是我中学时代的同学。尽管他之前总是寄来展览邀请函，但我一直认为自己无法理解这些画作，所以从未去过。然而，受到那次强烈体验的影响，我突然对他的展览产生了浓厚的兴趣，甚至为此亲自前往展览会场。

说实话，他的抽象画我完全看不懂。这种反应和我平时的反应一样，从某种意义上来说，这也在意料之中。比这个更令我惊讶的是，我竟然主动去参观了这个展览。虽然我以前对绘画（尤其是抽象画）几乎没有兴趣，但一旦产生了兴趣，我会自然而然地行动起来，这种新鲜感让我触及自己之前未曾发现的一面，让我感到惊讶。这可能也是"任性脑"在运转的结果。

"任性脑"的体验对我来说，总是充满了意外。这是一个我无法控制的领域，因此既令人恐惧，又非常有趣和愉快。也许，即使厌烦，也要与这种棘手而有趣的未知事物打交道，这正是衰老本身。

作为正在经历衰老的人，我希望能接受所有发生的一切，并在观察"任性脑"的过程中学会如何更好地与之应对。这看起来会使生活变得更加丰富且有意义。